위대한 중국은 없다

시진핑이 모르는 **진짜** 중국

위대한 중국은 없다

| 안세영 지음 |

한국경제신문

이웃 나라 중국이 점점 오만해지고 있다. 중국의 지도자 시진핑 주석의 교만함은 하늘을 찌를 듯하다.

"코리아는 역사적으로 중국의 속국이었다."

미국 플로리다에서 트럼프 대통령을 만났을 때 한 가증스러운 망언이다.

시 주석의 오만은 여기서 그치지 않는다. 대한민국을 침략해 유엔으로부터 침략자로 낙인찍힌 6·25전쟁을 '중국이 승리한 정의로운 항미원조(抗美援朝) 전쟁'이라고 미화한다.

붉은 중국이 원래부터 이렇게 교만하지는 않았다. 과거 도강

양회(韜光養晦)를 내세운 덩샤오핑은 일본, 한국, 싱가포르를 찾아가 '산업화의 노하우를 한 수 가르쳐 달라'고 허리를 굽혔다.

그런데 왜 요즘 중국의 지도자들이 이렇게 변했을까? 가장 큰 이유는 미국 하버드대 페어뱅크 중국연구센터의 A. 존스턴(Johnston) 교수가 지적하는 '중국예외주의'에 빠진 공산당의 역사 왜곡 때문이다. 이로 인해 베이징은 '중화민족의 위대한 부흥'을 내세우며 세계를 천하의 중심인 중원과 주변의 속국으로 이분하는 과거의 잘못된 중화사상에 다시 젖어 들고 있다. 그래서 '코리아 속국론'을 들먹이고 6·25전쟁을 미화하며 날이 갈수록 한중관계를 아전인수(我田引水)격으로 해석하고 있다.

시 주석의 망언은 얼결에 튀어나온 말이 아니다. '코리아는 한때 중국의 속국이었으니, 언제고 다시 중화제국의 그늘에 편입시킬 수 있다'는 한반도에 대한 역사적 종주권과 영토적 야욕을 미국에 드러낸 것이다. 중국의 이러한 잘못된 변화는 대한민국 미래를 향한 심각한 위협이다. 그런데 요즘 우리는 미국과 일본에 대해서는 날카롭게 각을 세우면서 이상하게도 중국에 대해서는 안보 불감증에 빠져 있고 역사 왜곡에 대해서도 무감각하다.

지금이야말로 한중관계를 바로 읽고 역사 바로 세우기를 할 때다. 그간 우리는 한자로 쓰인 사료(史料)를 중심으로 한중관계를 조명해왔다. 이렇게 접근하면 두 나라의 역사를 수직적 관계로 볼 수밖에 없다.

하지만 동북아 역사를 한중 양자관계가 아닌 삼각관계, 즉 '중원(한족 왕조)-북방 몽골리안(몽골, 만주)-한반도(고려·조선)'라는 새로운 각도에서 보면 전혀 다른 역사적 사실을 발견할 수 있다. 중원이 천하의 중심이 아니었고, 한반도도 결코 중국의 단순한 속국이 아니었다. 더욱이 역사적으로 중국의 군대가 압록강을 건너와 혹독한 대가를 치르지 않은 적이 거의 없었다. 말하자면 중국에는 '한반도 징크스'가 있었다.

이 책은 바로 이 같은 배경에서 한중관계의 새로운 조명을 통해 그간의 신(新)사대주의, 소중화(小中華) 사상에서 벗어나 우리 역사에 대한 자긍심을 키우기 위한 것이다. 필자는 이러한 역사의식을 가지고 오래전부터 이 책을 쓰기 위해 준비해왔다. 중국 자료뿐만 아니라 미국, 프랑스, 일본, 몽골, 터키 등 비한자 문명권에서 출간된 책도 연구했다. 중국의 베이징대학, 사회과학원, 공청(共靑)의 전문가들과 지식인, 정부 관리 같은 중국의 지도층과도 교류했다. 또한 몽골, 카자흐스탄, 베트남, 터키, 러시아의 블라디보스토크를 방문해 전문가들과 '차이나 리스크'에 대해 같이 고민해보았다.

역사학이건 경제학이건 특정 학문을 전공한 학자는 자기도 모르게 '전문가 매너리즘'에 빠지기 쉽다. 필자는 중국사 전공이 아니기에 오히려 다양한 각도에서 동북아 역사에 새로운 접근을 시도할 수 있었는지도 모른다. 따라서 이 책은 한자 문헌의 고증보다는 필자의 역사적 통찰력을 바탕으로 썼다.

이 책이 나오기까지 도움을 주신 모든 분들께 감사드린다. 특히 92세의 나이에 아들의 원고를 꼼꼼히 교정해주신 어머니께 각별히 감사드린다.

2019년 12월.
비원과 창경궁이 보이는 연구실에서
안세영

| 1장 |

**중국의
'코리아 속국론'**

되살아나는 '코리아 속국론'

"역사적으로 코리아는 중국의 일부였다(Korea actually used to be a part of China)."

2017년 4월 17일 시진핑 중국 국가주석이 미국 플로리다에서 도널드 트럼프 대통령을 만났을 때 한 말이다. 이것은 아주 잘못된 역사 인식이며 대한민국을 우습게 보는 엄청난 외교적 결례다. 그런데 우리는 항의 한번 안 하고 있다.

지금 중국은 제18차 공산당 전당대회에서 시 주석이 밝혔듯이 '중화민족의 위대한 부흥'을 꿈꾸고 있다. 과거 베이징 자금성의 천자(天子)가 보기에 고려, 조선은 조공을 바치는 속국에 불과했다. 미국을 제치고 세계 패권국가가 되겠다는 '중국몽'의 환

2018년 전국인민대표대회에서 시진핑 주석이 '중화민족의 위대한 부흥'을 외치고 있다.

상에 젖은 시 주석도 한국이 우습게 보일 수밖에 없다.

베이징의 오만함은 여기서 그치지 않는다.

"중화민족의 위대한 부흥!"

몇 년 전부터 시 주석이 틈만 나면 내세우는 말이다. 원래 중국 역사에 한족이란 개념은 있어도 중화민족이란 말은 없었다. 그런데 패권국가로 발돋움하기 위해 과거 그들을 지배하던 소수민족까지 한족이 주축이 된 중화민족에 포함시키는 '통일적 다민족국가론'을 내세우고 있다.

중화민족은 한족과 만주족, 몽골족 등 55개의 소수민족으로 구성되어 있다. 12억 3,000만 명의 인구 중에서 한족이 92퍼센트로 제일 많고, 그다음이 장족 1,617만 명, 만주족 1,068만 명, 주로 무슬림인 회족 981만 명, 묘족 894만 명, 위구르족 839만 명, 몽골족 581만 명, 티베트족 542만 명, 그리고 조선족 192만 명이 있다.

그간 붉은 중국은 '인민 해방' '사회주의 혁명'과 같은 공산주의 슬로건을 주로 내세웠다. 그런데 왜 갑자기 한족이 절대다수인 중화민족의 부흥, 그것도 '위대한'이란 형용사까지 붙이며 호들갑을 떠는 것일까?

중국의 오늘을 이해하기 위해서는 중국의 역사를 들춰봐야 한다. 역대 왕조를 '한족 왕조'와 '비한족(非漢族) 왕조'로 이분해보면 놀랍게도 순수한 한족이 세운 왕조가 중국 전체를 지배한 기간은 딱 681년이다. 한나라 405년, 명나라 276년. 나머지는 모두 선비, 거란, 몽골, 여진, 돌궐, 심지어는 흉노계 등 '비한족'이 세운 나라들이 지배했다. 쉽게 말하면 한족보다 비한족이 중국을 지배한 기간이 더 길었다. 그러다가 1911년 신해혁명으로 손문이 청 왕조를 무너뜨려 중화민국을 세우고 1949년 마오쩌둥이 중화인민공화국을 건국했다. 300여 년 만에 한족이 중원의 지배권을 되찾은 것이다.

중국 역사의 반은 북방 몽골리안의 지배를 받았다

북방 민족사에서 보면 중국을 지배한 비한족은 거란, 몽골, 여진 같은 북방 민족인 '북방 몽골리안'이다. 이들의 중국 통치 유형은 크게 두 가지로 나눌 수 있다.

첫째, 중국대륙을 완전히 지배한 경우다. 몽골의 원나라가 108년(1260~1368년), 청나라가 293년(1616~1912년) 동안 중원을 지배했다. 인구가 수백만 명밖에 안 되는 몽골족과 만주족이 수억 명의 한족을 400여 년간 통치한 셈이다.

둘째, 한족 왕조와 비한족 왕조가 중국을 나누어 지배한 시기다. 당나라가 망한 후 5대 10국 시대(907~960년)도 남중국에 있던 10개국을 빼고 화북지방에 있던 후량, 후주 등 5개 왕조가 순수 한족이 아닌 북방 민족이 세운 왕조였다.

960년 한족이 송나라를 세웠다. 송나라는 경제적으로 번창한 나라였지만 군사력이 약해 중국 전체를 지배하지는 못했다. 북송시대(960~1127년), 지금의 베이징을 포함한 화북지방은 거란이 세운 요나라(907~1125년)가 차지하고 있었다. 남송(1127~1279년)도 여진이 세운 금나라(1115~1234년)에 1127년 수도 카이펑(開封)

을 점령당하고 남쪽 임안(臨安, 지금의 항저우)으로 쫓겨 갔다.

중국인들이 한족 왕조라고 말하는 수나라(581~619년)도 선비족의 탁발부 출신인 양견(수 문제)이 세운 나라고, 당나라(618~907년)도 순수한 한족 왕조가 아닌 탁발 선비 계통의 왕조다(양하이잉,《반중국의 역사》, 2016).

바로 여기서 수 양제, 당 태종과 고구려 사이의 치열한 전쟁의 실마리를 조금 풀 수 있다. 원래 선비족은 혈연적으로 우리 조상인 예맥인들과 아주 가까운 사이로 주로 랴오둥 반도에 살았다. 그런데 4세기부터 고구려에 밀려 장수왕 이후로는 랴오둥 반도에서 완전히 쫓겨나 중원으로 들어가면서 급속히 한화(漢化, Sinofication)한 민족이다.

이런 배경에서 보면 모처럼 남북조 시대를 끝내고 천하를 통일한 수 양제는 고구려에 빼앗긴 선비족의 옛 땅을 되찾겠다는 '고토(古土) 회복'의 집념으로 전쟁을 일으켰을지도 모른다. 물론 수나라의 뒤를 이은 선비족 출신이 세운 당나라도 마찬가지다.

동북아 '마의 삼각구도':
우리나라는 중국의 군사동맹국이었다

이 같은 역사적 상처 때문에 요즘 거드름을 피우는 시진핑 주석이나 베이징 사람들은 어쩌면 한국 같은 북방 몽골리안에 대한 콤플렉스가 있는지도 모른다. 그런데 송나라, 명나라 같은 중국의 한족 왕조를 하늘과 같이 섬기는 모화(慕華)사상에 빠져 우리의 정체성을 소중화에 두고 우리 스스로도 고려, 조선이 중국의 속국이었다는 것을 당연한 역사적 사실로 받아들이고 있다. 이러한 잘못된 역사 인식을 바꾸지 않으면 우리는 정신적으로 패권국가로 부활하는 중화제국의 그늘로 다시 들어가게 된다.

동북아 역사를 단 두 나라, 중국과 한반도(고려, 조선)라는 양자관계로 보면 '중화제국-속국' 같은 상하관계에서 벗어나기 힘들다. 지금까지와는 전혀 다른 각도에서 동북아 역사에 접근해보자. 동북아 역사를 한족(중원)-우리(한반도)-북방 민족(몽골, 만주)으로 이어지는 '마(魔)의 삼각구도'에서 보면 새로운 사

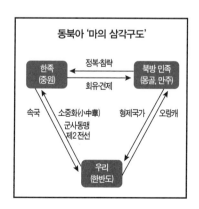

실을 발견할 수 있다. 우리는 윗나라 중국에 마냥 굽실거리기만 하는 그런 비굴한 속국은 아니었다.

그림에서 보듯이 역사적으로 대륙에서는 한족 왕조와 북방 민족이 끊임없이 싸우고 점령하고 통치하는 악순환을 되풀이했다. 이같이 벌어지는 한족 왕조와 북방 민족 사이의 파워 게임에 따라 우리는 때론 궁지에 몰린 한족 왕조의 군사동맹국, 때론 북방 몽골리안 세계의 형제국가 역할을 했다.

강력해진 거란, 몽골, 여진 등 북방 민족이 중원을 정복하려면 인구가 겨우 수백만 명인 그들로서는 싸울 수 있는 장정을 모두 다 동원해 만리장성을 넘어야 했다. 문제는 그렇게 하면 고향 땅이 무방비 상태가 된다. 실제로 압록강을 건너면 만주족의 어지간한 본거지는 몇 주 만에 달려가 공격할 수 있는 거리에 있었다.

남쪽으로 가서 싸우고 있다가 전통적으로 송나라, 명나라와 우호관계를 맺고 있던 고려, 조선이 한족 왕조와 손을 잡고 압록강을 넘어 협공하면 완전히 뒤통수를 맞는 꼴이 된다. 그래서 항상 북방 민족은 중원으로 출병(出兵)하기 전 한반도부터 '평정'하고자 했다. 여기서 점령이 아닌 평정이란 단어를 쓴 이유는 한반도의 왕조를 적당히 굴복시켜 중원의 한족 왕조와 싸울 때 최소한 뒤통수만은 치지 않도록 하는 정도였기 때문이다.

이를 거꾸로 한족 왕조의 입장에서 보면 고려, 조선이 일종의 군사동맹국 같은 역할을 수행하며 제2 전선을 형성해 북방 민족의 전력을 분산 또는 약화시켜주었다. 강성해진 거란, 몽골, 만주족에게 몰리던 송나라, 명나라에 군사적으로 상당한 도움을 준 셈이다.

송나라를 구한 강감찬 장군의 귀주내첩

이 같은 예가 역사적으로 여러 번 있었지만 가장 전형적인 경우는 송나라를 한숨 돌리게 한 고려의 귀주대첩이다. 날로 강해지는 거란에 위협을 느낀 송 태종은 고려에 같이 손잡고 거란을 치자고 제의했다. 이를 눈치챈 거란으로서는 송을 치기 전에 먼저 고려부터 제압하지 않을 수 없었다. 993년 소손녕이 대군을 이끌고 처음 압록강을 건널 때 고려쯤은 가볍게 굴복시킬 줄 알았다.

1차와 2차 침공에서 거란군은 압록강 너머에 늘어선 의주성, 귀주성 등에 들어가 수성하는 고려군과 싸우며 성들을 하나하나 점령해나가느라 제대로 고려 땅을 공략하지 못했다. 따라서 3차 침공에서는 새로운 전략을 세웠다. 엄선된 거란의 정예병 소배압은 산성에 처박힌 고려군을 우회하고 질풍노도와 같이 말을 달려 개경성 문턱까지 치달았다. 거기까진 기마민족 특유의 속전속결 전술이 잘 통했다.

그런데 개경에서부터 전황이 꼬이기 시작했다. 지난번 침공 때는 거란군을 보기만 해도 왕궁을 버리고 줄행랑을 치던 고려 왕 현종이 개경성에서 결사항전하는 게 아닌가. 거기다 너무 빨리 질주해와 말과 군사들이 기진맥진해 있었다. 사실 탁 트인 서만주 평원에서 신나게 달리던 거란 기병과 말들에겐 온통 산과 논인 고려 땅은 결코 매력적인 싸움터가 아니었다. 더욱이 개경을 단숨에 점령해 식량 조달을 하려고 군수물자를 가져오지 않아 식량 부족도 문제였다.

설상가상으로 북쪽에는 건재한 고려군이 있었다. 이들이 산성에서 나와 보급로를 차단하면 사면초가가 될 판이었다. 마지못해 철군을 결심하고 지친 군대를 되돌려 압록강으로 가다가 1019년 3월 10일 귀주성 앞에서 기다리던 강감찬 장군의 고려 정예군을 만났다. 그런데 어럽쇼! 그때까지 산성에 처박혀 수성만 하던 고려군이 의외로 벌판으로 나와 한판 붙자는 것이다. 고려군은 20만, 거란군은 10만 명이었다. 고려군 입장에서는 거란군과 한판 붙어볼 만한 자신이 있었다. 보통 때 같으면 기마전에 도가 튼 거란 기병이었지만 허겁지겁 후퇴하는 처지에다가 당대 고려의 명장 강감찬 장군에게 잘못 걸려들었다.

1019년 고려 현종 때 강감찬 장군의 부대가 거란의 10만 정예부대를 물리치고 한국 전쟁사 중 최고의 승전보(귀주대첩)를 울렸다.

　우열을 가리기 힘든 치열한 접전을 하고 있는데 남쪽에서 올라온 김종현 장군이 이끄는 1만 명의 철기병이 거란의 배후를 덮쳤다. 그 당시 사람은 물론 말까지 철로 만든 갑옷그물로 덮은 철기병은 오늘날의 탱크와 같은 위력으로 거란군이 쏘는 화살을 충분히 막을 수 있었다.

　그다음부터는 전투가 아닌 대학살이었다. 거란이 참패해 정예 병력 6만 명을 잃었다. 이는 송나라와 수많은 전투를 하며 거란이 그때까지 잃었던 군사보다 더 많은 수였다. 전초전이라고 여겼던 고려와의 전쟁에서 정예 병력의 절반을 날렸으니 중원 정벌은 물거품이 됐다. 결국 요나라는 고려와의 전쟁을 끝내고

요-송-고려 간의 삼각화친을 맺었다.

제2 전선이 얼마나 중요한가는 2차대전 당시 유럽 전선의 예에서도 알 수 있다. 독일제국이 프랑스, 네덜란드, 벨기에 등 서부 유럽을 거의 점령했을 때, 구소련(러시아)이 유럽 동부 전선에서 독일과 싸우며 제2 전선을 형성해주었다.

기록에 의하면 소련군과 싸운 독일군은 180개 사단인데 노르망디 상륙 후 연합군과 맞선 독일군은 불과 58개 사단이었다. 만약 소련이 제2 전선을 만들어주지 않았다면 미영 연합군과 싸우는 독일군의 전력은 세 배나 늘어났을 것이다. 그러면 미군과 영국군에 훨씬 많은 전력 손실을 가져왔을 것이고 2차대전 역시 더 늦게 끝났을 것이다.

병자호란 바로 읽기

1637년 추운 겨울, 남한산성에서 농성하다가 내려온 인조가 청 태종에게 지금의 잠실 삼전도에서 '삼배구고두(三拜九叩頭)'를 한다. 홍타이지는 높은 단상에 거만하게 앉아 있고 조선의 왕이 꽁꽁 언 맨땅에 세 번 무릎 꿇고 아홉 번 머리를 조아린다. 일부 기록은 이때 인조의 이마에서 피가 났다고 한다.

이것이 우리 역사가 후세에 강조하는 '삼전도의 치욕'이다. 이 장면을 생각할 때면 당연히 우리는 오랑캐 청나라의 만행에 비분강개한다. 이것은 역사의 한쪽 면만을 본 패자의 한(恨)풀이식 역사 인식이다. 삼전도의 치욕을 바로 읽기 위해 당시 상황을 기록한 〈인조실록〉(34권, 인조 15년 1월 30일)을 한번 살펴보자.

홍타이지가 삼배구고두례를 마친 인조를 단상에 올라오라 한다. "조선의 왕은 일국의 국왕이니 짐의 아우들 사이에 앉히도록 해라." 이렇게 말하곤 청 태종의 바로 옆자리에 인조를 앉힌다. 후에 청의 황제가 된 예친왕 도르곤보다도 상석이다. 그러고는 "이제 조선이 대청제국의 일원이 되었으니 환영 회식을 하자"며 청과 조선의 대신들이 술잔을 돌리고 활쏘기 시합까지 한다. 그 뒤 놀랍게도 인조와 대신들을 그냥 한양으로 돌려보낸다.

동·서양의 전쟁사를 볼 때 이 정도면 아주 너그러운 항복 조건이다. 순순히 항복하지 않고 성에서 저항하다가 항복한 적국의 왕은 대부분 처형하던지 포로로 끌고 간다. 청나라를 세운 누르하치와 홍타이지는 명나라 한족에 대해서는 아주 엄격하고 잔인했다. 청하성을 함락해 군민 5만 명을 학살하고, 회안보 전투에서는 명군(明軍) 1,000명을 포로로 잡아 이 중 300명을 처형

1636년 청나라의 조선 침입으로 일어난 병자호란을 다룬 영화 〈남한산성〉의 한 장면.

했다(첸제셴,《누르하치》, 2003).

삼전도에서도 마음만 먹으면 항복한 인조를 포로로 잡은 백성들과 함께 청나라로 끌고 갈 수 있었다. 1126년 '정강의 변' 때는 여진족이 세운 금나라가 송의 휘종과 흠종, 그리고 신하 수천 명을 만주로 끌고 가 비참한 포로 생활로 생을 마감하게 했다.

흥미로운 북방 민족의 세계관: 고려와 조선은 형제국가

'청 태종 홍타이지가 한족은 그렇게 혹독하게 다루면서 조선에서는 왜 그렇게 하지 않았을까?' 여기에 대한 답을 얻기 위해서는 북방 민족의 세계관을 살펴볼 필요가 있다. 그들에게 만리장성 안쪽은 '한족의 세계'다. 하지만 만리장성 밖 몽골 초원, 만주, 한반도는 모두 피를 나눈 '북방 몽골리안의 세계'다. 그들은 여러 가지 이유로 고려, 조선에 대해 '뭔가 특별한 콤플렉스' 또는 '동류의식'을 가지고 있었던 것 같다.

"고려는 일찍이 당 태종이 몸소 공격했어도 항복시킬 수 없었던 고구려의 후예다."

쿠빌라이가 1259년 고려의 왕자 왕전을 만났을 때 한 말이다(〈고려사〉 권25). 몽골뿐만 아니라 고구려가 동북아를 지배할 때 복속 민족이었던 거란, 여진 모두 '고구려 콤플렉스'가 있었을 것이다.

다음으로 국가의 '정체성 콤플렉스'다. 동아시아에서 2,000년 이상 국가체제(nation-building)를 유지하고 고유문화를 꽃피운 나라는 딱 둘이다. 중국과 한반도의 고려, 조선이다. 그래서인지 그들이 '고려와 조선을 북방 몽골리안 세계의 형제국가'라고 생각한 징표가 우리 역사 곳곳에서 나타난다. 그중 하나가 변발

강요다. 청나라는 1억 5,000만 명의 한족에게는 복종의 상징으로 변발을 강요했다. 누르하치는 요양성을 점령하고 변발하지 않은 한인(漢人)은 그 자리에서 처형했다. 그런데 유독 조선에는 변발을 강요하지 않았다.

또 북방 민족의 침략사를 자세히 들춰보면 거란, 몽골, 여진이 마치 6·25전쟁 때 북괴군이 기습 남침을 하듯 다짜고짜 쳐들어오진 않았다. 강력해진 북방 몽골리안은 초기에는 늘 외교 협상을 통해 관계 개선이나 복속을 요구했다. 쉽게 말하면 '옛날에는 보잘것없는 존재였지만 이제 강해졌으니 고려나 조선이 압록강을 건너와 고개 좀 숙여 달라'는 것이다.

926년 발해를 멸망시킨 거란은 태조 25년(942년) 관계 개선을 위해 고려에 낙타 50마리를 보냈다. 그러나 고려는 '발해를 멸망시킨 오랑캐'라며 사신은 섬으로 유배 보내고 낙타는 개경의 만부교 아래 방치한 채 먹이를 주지 않았다. 이로써 고려와 거란은 적대관계로 돌아섰다.

몽골제국과 고려와의 무력 충돌 과정도 이와 비슷하다.

"우리 두 나라는 영원한 형제가 되었으니, 만세 뒤에 우리 후손들이 잊지 않도록 합시다."

〈고려사〉에 따르면 1218년 김취려 장군과 같이 거란군과 싸운 몽골의 카치온 장군이 고려 장수를 형으로 모시는 '형제의 맹약'을 맺으며 한 말이다. 그 후 강해진 몽골도 고려 왕에게 여러 차례 입조(入朝: 조정의 조회에 참석하는 것)를 요구했는데 고려가 거부했다. 결국 1231년 몽골의 장군 살리타가 군대를 이끌고 1차 침공을 했다.

이 같은 형제국가론은 단지 과거의 역사 속에 묻혀 있는 것만은 아니다. 필자는 이스탄불에서 열린 터키와 한국 사이의 국제 세미나에서 대표 연설을 한 적이 있다. 그때 만난 터키 지도층 인사들은 한국인인 우리를 '피를 나눈 형제들(blood brothers)'이라고 불렀다. 단순히 말만 그렇게 한 것이 아니라 마치 친형제처럼 대했다.

이스탄불 공항에서는 입국 수속을 하러 줄을 서 있는데 출입국 직원이 앞에 서 있는 외국인 입국자들을 아주 거만하게 대했다. 걸상에 삐딱하게 앉아 여권을 툭툭 던져주었다. 그런데 필자 순서가 되어 대한민국 여권을 보여주자 태도가 돌변했다. 자세를 바로잡으며 "안녕하세요"라고 우리말을 했다. 우리와 달리 터키에서는 중고등학교 역사 시간에 '조상들이 동아시아에서 한국인들과 같이 살다가 서쪽으로 왔다'라고 가르친다고 한다.

조선의 헛된 명분론이 빚어낸 병자호란

우리가 그렇게 깔보던 여진족이 대청제국을 세울 때도 마찬가지였다. 초기에는 조선을 형제의 나라로 여기며 동등한 동맹관계를 요구했다.

"11월 25일까지 시간을 줄 테니 조선의 왕자를 청나라로 보내 화친을 하자."

병자호란이 일어나기 전인 1636년 10월, 선양으로 간 조선의 사신 박인범에게 청 태종이 한 말이다(장한식,《오랑캐 홍타이지 천하를 얻다》, 2015). 말하자면 대청 황제인 자신에게 입조하여 조선이 적당히 고개만 숙여주면 군사를 일으키지 않겠다는 뜻이었다. 당시 명나라를 하늘과 같이 모시고 오랑캐 청나라를 배척한다는 '친명배금(親明拜金)' 사상에 젖은 조선의 반응이 참으로 가관이었다.

"오랑캐 청나라를 정벌해 명 황제의 근심을 덜어주는 것이 조선의 의무다".

아무런 대책 없이 허황된 명분론에 빠진 조정 대신들의 담론이었다.

"너희 나라에 오고 간 문서를 입수해보니 흔히 우리 군대를 도적(賊)이라고 말한다. 우리가 정말 도적이라면 너희는 왜 사로잡지 않고 두면서 입과 혀로만 욕을 한단 말인가."

1637년 1월 17일 병자호란 때 홍타이지가 조선에 보낸 국서에 나오는 말이다. 조선의 공문서에 청나라를 도적이라고 표현했는데 이것이 청나라의 손에 들어간 것이다. 홍타이지는 조선에서 만주족을 오랑캐(호로, 胡虜)라고 깔보고 자신을 도적이라고 부르는 것을 잘 알고 있었다.

동북아 '마의 삼각구도'의 역사적 교훈

우선 '코리아 속국론'을 재조명해야 한다. 한국과 중국, 두 나라의 역사적 관계를 수직적 상하관계가 아닌 보다 수평적 대등관계로 바라볼 필요가 있다. 고려, 조선은 한반도에서 제2 전선을 형성해 북방 민족의 위협을 받는 한족 왕조(송)를 도운 군사동맹국이었다. 동맹국은 대등관계지 상하관계가 아니다. 비한족 왕조, 즉 북방 몽골리안인 요나라, 원나라, 청나라와는 쉽게 설명할 수 없는 '뭔가 특별한 혈연적·역사적 관계' 즉, 인연이 있었다. 그래서 그들은 한족을 가혹하게 대한 것과는 다르게 고려와 조선을 대했다.

둘째, 역사에서 배우는 안보 교훈이다. 한족과 북방 민족 사이의 국제정세 변화를 잘 분석하고 서희 장군처럼 '실용외교'를 펼쳤더라면 항몽전쟁, 병자호란 등을 피할 수 있었을지 모른다. 그런데 지배계층의 잘못된 '명분론', 즉 한족의 중국을 하늘과 같이 모시는 모화사상 때문에 충분히 피할 수 있었던 전쟁에 휘말리고 애꿎은 백성들만 고초를 겪었다.

마지막으로, 우리 역사 해석의 고질적 병폐인 자학적 '한풀이 역사'를 바로 잡아야 한다. 평소엔 국방을 소홀히 하다가 외적의 침략을 당해 백성들에게 엄청난 고초를 겪게 하고는 모든 잘못을 '침략자의 탓'으로 돌린다. 안보를 등한시한 통치자 스스로의 잘못은 인정하려 들지 않는다. 병자호란 때 청나라의 입조를 거부했으면 그들이 쳐들어올 것을 알고 당연히 전쟁 준비를 했어야 한다. 새로운 역사교육은 삼전도의 치욕에 분개할 것이 아니라 백성들을 지키지 못한 인조와 당리당략만 일삼던 조정 대신들의 책임을 더 냉정히 묻는 쪽으로 이뤄져야 한다. 이유 여하를 막론하고 지도자와 백성이 힘을 합쳐 나라를 튼튼히 지키지 못하면 주된 책임은 모두 우리에게 있다.

서희 장군의 위대한 협상

적어도 고려 시대까지 우리 조상은 외교도 잘하고 협상도 잘했다. 우리 역사에서 협상 하나로 외적을 스스로 물러가게 한 놀라운 예가 있다. 바로 서희 장군의 거란과의 협상이다.

993년 거란의 소손녕이 80만 대군을 이끌고 침입하자 고려 조정은 둘로 갈라졌다. 화친파와 강경파다. 화친파는 도저히 고려군이 대적할 수 없으니 '서경 이북의 땅을 거란에 떼어주고 평화를 유지하자'는 것이었다. 강경파는 펄펄 뛰며 결사항전을 주장했지만 그들도 뾰족한 수가 없었다. 당시 고려의 군사력이 너무나 약한 탓이었다.

이때 서희 장군이 나섰다. 거란과 협상을 해보겠다는 것이다. 뛰어난 통찰력을 가진 서희 장군은 거란의 속셈을 꿰뚫어 보고 있었다. 소손녕이 대군을 몰고 질풍노도와 같이 개경으로 질주하지 않고, 평안도 근처에 머물며 계속 말로만 겁을 주고 항복을 권유하는 것에 서희 장군은 뭔가 짚이는 게 있었다.

거란 진영을 찾은 서희 장군은 우리 역사에 길이 남을 만한 최고의 협상을 한다. 고려를 침공한 거란의 숨은 의중을 미리 알고 있던 서희 장군이 협상테이블에서 절묘한 승부수를 소손녕에게 던졌다.

"고려는 송나라와 동맹관계를 끊겠습니다."

이것은 바로 거란이 바라던 바였다. 거란은 중원을 집어삼키기 위해 송나라와 한판 겨루고 싶은데 송과 동맹관계를 맺은 고려가 문제였다. 송나라를 치기 위해 남쪽으로 출병했다가 고려가 배후를 치면 일이 커지기 때문이다.

고려에 원하는 대답을 얻은 소손녕은 협상에 만족하여 말머리를 돌려 회군하려 했다. 그때 서희 장군이 그의 말고삐를 잡으며 한마디 했다.

"잠깐만! 장군. 내가 여기서 송나라와 동맹을 끊겠다고 장군에게 약속했지만 개경으로 돌아가면 무슨 일이 벌어질지 모릅니다. 잘 알다시피 개경에는 강경파인 친송(親宋)세력이 결사항전을 주장하고 있습니다. 만약 내가 이들을 설득하지 못하면 고려 조정은 송과의 관계를 끊지 않을 것입니다."

소손녕이 듣기에도 서희 장군의 말은 일리가 있었다.

"그럼 내가 어떻게 하면 개경의 강경파를 서희 장군이 설득할 수 있겠소?"

"압록강 이남의 강동 6주를 고려에 주십시오."

당시 강동 6주에는 주로 여진족이 살고 있었다. 거란으로서도 고려와 자국 사이에 말썽 많은 여진족이 있는 것이 탐탁지 않았다. 결국 거란은 강동 6주를 고려에 떼어주고 말머리를 돌려 철군했다.

세계 역사에서 쳐들어온 외적을 협상으로 스스로 물러가게 하고 땅까지 떼어 받은 사람은 서희 장군밖에 없을 것이다.

| 2장 |

패권국가를 향한
붉은 중국의 야심

중화제국의 멈출 줄 모르는 영토 팽창욕

2017년 봄, 미국 플로리다 정상회담에서 시진핑 주석이 "역사적으로 코리아는 중국의 일부였다"라고 한 발언은 그냥 얼결에 한 망언이 아니다. 특히 우리는 여기서 그가 "북한뿐만이 아니라 코리아 전체다(Not only North Korea, Korea)"라고 강조한 점을 주목해야 한다.

'지금은 북한만이 중국의 영향력 아래 있고 한국은 군사동맹으로 미국과 함께하지만 한반도 전체에 대한 역사적 종주권은 중화제국에 있다'는 치밀하게 준비한 메시지를 워싱턴에 던진 것이다. 시 주석의 망언을 거꾸로 해석하면 '언젠가 중국이 동아시아의 패권을 장악하고 미국만 몰아내면 한반도는 다시 중화제국의 손아귀에 집어넣을 수 있다'는 자신감이다.

사실 지난 수천 년 역사에서 우리가 중국으로부터 자유로웠던 것은 딱 100년뿐이다. 즉 그들이 일본 제국주의에 짓밟히고 국공내전과 죽의 장막에 갇혔을 때다. 역사를 되돌아보면 두 나라 사이에는 묘한 역학관계가 있다. 중국이 약하면 우리가 힘을 키웠고, 중국이 강해지면 우리가 위축됐다. 고구려가 랴오둥 반도까지 호령할 수 있었던 것은 남북조 시대 중국이 분열되었기 때문이다. 중국이 통일을 이뤄 대당제국을 건설하자 고구려는 무너졌다. 우리가 1960년내 수출주도형 성장을 성공시킬 수 있었던 것은 중국대륙이 문화대혁명의 대혼란에 빠졌었기 때문이다.

"중국이 경제적, 군사적 힘을 키우면 패권국가가 될 것인지, 아니면 선량한 국제사회의 구성원으로 있을지에 대해 숙명적 결정을 할 것이다."

싱가포르의 리콴유 전 총리가 한 예측이다(그래엄 앨리슨·로버트 블랙윌, 《리콴유가 말하다》, 2015). 그런데 안타깝게도 베이징은 패권국가의 길을 선택했다. 이에 대한 국제사회의 우려도 더욱 커지고 있다.

"그간 중국의 동아시아 정책은 적을 만들고 친구와 멀어지는 방법을 아주 적나라하게 알려주고 있다."

미국 하버드대 오드 베스타(Odd Westad) 교수의 따끔한 비판
이다(《The China Questions》, 2018).

중화제국의 독특한 영토 팽창법: 역사적 종주권 주장

역사적으로 페르시아제국, 몽골제국, 대영제국 같은 나라들은
한때 세계를 호령하다가 지금은 모두 사라졌다. 그런데 중화제
국만이 어떻게 수천 년간 정체성을 유지하고 있는가에 대해 살
펴보자. 총칼로 힘을 키운 다른 제국과 다르게 중화제국은 아주
독특한 두 가지 방법으로 끈질기게 영토를 넓혀나가고 주변 민
족을 한화시켰다. 바로 '역사적 종주권'과 '한화형 제국주의'다.

역사적 종주권이란 과거 중화제국의 그늘에 있었다는 조그
만 사료라도 있으면 끈질기고 뻔뻔스럽게 잡고 늘어져 결국 자
기 영토로 만드는 것이다. 이 억지 논리로 국경을 접한 14개국
과 모두 영토분쟁을 벌였거나 벌이고 있다. 가장 좋은 예가 지
금 한창 긴장이 고조되고 있는 남중국해 영토분쟁이다.

지도에서 보듯이 중국 최남단에서 1,000킬로미터 이상 떨어진 베트남 남쪽 앞바다까지 자기 영토라고 억지를 부리는 근거가 당나라 역사에 한자로 쓴 남중국해 기록이 있나는 것이다. 베드남, 필리핀 등 동남아 6개국이 영유권을 주장하는 '영토분쟁 지역'인데도

남중국해 영유권 분쟁

중국

베트남 주장영유권

중국 주장영유권

파라셀 제도

남중국해

베트남

필리핀

스프래틀리 제도

필리핀 주장영유권

말레이시아

역사적 종주권을 바탕으로 아예 자국 영토로 간주하고 있다.

"우리는 남의 나라 땅을 탐내지도 않지만, 조상이 남긴 땅을 남에게 양보할 마음이 티끌만큼도 없다."

2018년 6월, 제임스 매티스 미국 국방장관을 만났을 때 남중국해 섬들에 대해 시진핑 주석이 한 말이다.

한때 어엿한 독립국이던 신장 위구르의 동투르키스탄공화국 (1863~1949년)과 티베트를 인민해방군이 침공해 자국 영토에 편

입한 근거도 청나라 때 자국의 영토였다는 역사적 종주권이다. 이런 논리라면 러시아는 언제든지 구소련 연방이던 우크라이나와 벨라루스를 자국 영토로 만들 수 있다.

우리도 중국의 역사적 종주권 주장에서 자유롭지 않다. 구한말 청군을 이끌고 온 위안스카이 장군은 '조선은 중국의 일부이니 속국으로 다스린다'는 뜻으로 '이사부(理事府)'라는 이름의 관청을 설치했다. 또한 영국과 미국의 외교관들은 왕궁에 들어갈 때 가마에서 내려 걸어갔는데 위안스카이는 속국의 왕에게 그런 예우를 갖출 필요가 없다며 거드름을 피웠다.

지금은 '동북공정'으로 고구려에 대한 역사적 종주권을 주장하고 있다. 만약 우리가 이 역사전쟁에서 지면 고구려 영토였던 북한 땅이 중국의 회복하지 못한 고토가 된다.

무서운 '한화형(漢化型) 제국주의'

그 옛날 중국 땅의 주인은 한족이 아니었다. 한족은 원래 허난성(河南省), 산시성 시안(西安) 같은 황허 상류 근처에 모여 살았다. 지금의 베이징 근처나 만주에는 흉노, 선비, 돌궐, 거란, 여진 그리고 양쯔강 남쪽에는 장족, 묘족 등 정말 다양한 민족이 살았다. 그런데 주변 민족들은 오랜 역사를 두고 '한화'라는 블랙홀에 빠져 고유의 정체성을 잃고 중화제국에 흡수돼버렸다.

역사를 되돌아보면 제국들은 많았다.

로마제국. 1,500년 이상 유럽과 북아프리카, 그리고 중동지역을 지배했다. 그런데 지금 제국은 사라지고 웅대한 콜로세움과 유석시만 남았나. 물론 토나의 밀과 글은 이미 고이(古語)기 돼버렸고 말이다.

몽골제국. 초원을 가로지르며 질풍노도와 같이 유라시아대륙을 지배했다. 유라시아대륙은 중국 북쪽 만주부터 헝가리 초원까지 장장 7,500킬로미터이니 세계사에서 가장 넓은 땅을 정복한 대제국이었다. 나폴레옹이 유럽에서 115만 평방킬로미터의 땅을 정복했고, 알렉산더는 350만 평방킬로미터의 제국을 건설했다. 그런데 칭기즈칸은 무려 777만 평방킬로미터를 몽골의 말발굽 아래 두었다. 그러나 빨리 일어난 만큼 쓰러지는 것도 빨랐다. 몽골제국은 불과 100년 만에 사라졌다.

대영제국이 뛰어난 해군력으로 해질 날이 없을 정도로 5대양 6대주에 유니온잭을 휘날렸다. 하지만 지금은 버킹엄궁 앞에서 펼쳐지는 멋진 털모자를 쓴 왕실 근위병의 근무교대식이 그 옛날의 찬란한 위용을 생각나게 할 뿐이다. 한때 칼과 대포로 세계를 호령했지만 지금은 모두 사라진 제국들이다.

그러나 중화제국은 다르다. '한화'라는 아주 독특한 형태의 제국주의를 발달시킨 중국은 정말 끈질기게 영토를 넓혀나가고 수천 년간 제국의 정체성을 유지하고 있다. 그 비결은 과연 무엇일까? 다른 제국주의는 무력 하나에만 의존해 흥하고 망했다. 반면 중국은 두 개의 수단을 가지고 있었다. 한 손엔 무력, 다른 한 손엔 '한화'라는 독특한 비장의 무기를 들고 있었다.

한화의 1, 2단계: 무력 점령과 한족의 이주

한화의 첫 단계는 '무력 점령'이다. 당나라가 고구려를 멸망시켰다. 원나라가 지금의 윈난성 지역의 독립국이던 대리국을 점령했다. 청나라가 내몽고를 집어삼켰다. 러시아의 견제가 없었다면 당연히 지금의 몽골공화국인 외몽고까지 병합했을 것이다.

한화의 두 번째 단계는 '한족의 이주'다. 영국이나 프랑스 같은 서구제국주의는 무력으로 점령한 아프리카, 인도, 동남아의 자원을 약탈하는 등 경제적 착취에 전념했지만 현지인의 삶에는 큰 관심이 없었다. 하지만 중국은 점령한 곳에 슬며시 한족을 이주시켰다. 인구가 1억 명이 넘으니 이주시킬 한족이야 얼마든지 있었다. 옛날 몽골인들이 말을 기르던 내몽고 땅에 많은 한인이 들어가 고추농사를 짓고 있다. 티베트와 신장 위구르 자치구에도 대거 몰려가 장사를 하고 있다.

자기 땅에서 소수 약자로 전락한 위구르인

중국 신장 위구르 자치구의 한 카페에 미국인, 일본인, 중국인, 위구르인이 함께 앉아 있었다. 미국인이 담배를 한 개피만 피우고 담배갑을 창밖으로 휙 던져버렸다. 위구르인이 왜 그러냐고 물으니, 미국에는 담배가 너무 많아 그런다고 대답했다. 조금 있다가 일본인이 음악을 다 듣고 나서 CD플레이어를 창밖으로 던졌다. 놀란 위구르인이 다시 물으니, 일본에는 CD플레이어가 너무 많다고 대답했다. 이 말은 들은 위구르인은 바로 옆에 있는 중국인을 번쩍 들어 창밖으로 집어 던졌다. 그러고는 한마디 했다. "우리한테는 중국인이 너무 많아."

신장 위구르인들 사이에서 오가는 씁쓸한 우스갯소리다. 위구르제국은 8세기에 당제국과 거의 대등한 외교 관계를 맺을 정도로 중앙아시아 초원의 강자였다. 757년 안록산의 난으로 장안이 풍전등화와 같았을 때 당 현종은 위구르제국에 SOS를 청할 정도였다.

기록에 의하면 장안에 들어간 위구르군의 위세는 대단했다. 거리에서 위구르인을 보면 한족이 슬금슬금 피해 다닐 정도였고 어지간한 행패는 당의 조정도 속수무책으로 모른 척했다. 이같은 위구르제국도 100년을 넘기지 못하고 840년에 멸망했다. 청나라가 서구세력의 침입으로 혼란스러울 때 위구르는 1863년부터 1949년까지 동투르키스탄공화국으로 독립을 유지했다. 그러나 1949년 마오쩌둥이 군대에 무력점령을 단행한 후 전형적인 한화의 길을 걷고 있다.

우선 베이징은 한족 청년으로 구성된 대규모 건설병단(兵團)을 신장 위구르 자치구에 파견했다. 고맙게도 그 멀리서 와 땀을 뻘뻘 흘리며 낙타가 다니던 사막에 길을 놓고 댐을 건설해 대규모 농경지를 만들었다. 정말 그럴듯해 보인다. 역시 공산당은 대중 홍보의 귀재다.

"고마워요. 한족 건설병단 아저씨들!"
처음에 순진한 위구르인들은 이런 현수막을 올렸다. 그런데 문제는 공사가 끝난 다음이었다. 이 한인 건설 인력이 슬며시 현지에 주저앉았다. 말이 건설병단이지 실제는 교묘한 한인의 집단 이주인 셈이다.

하여튼 주변 나라 슬며시 먹어치우는 데 중국을 따라갈 나라가 없다. 비즈니스 감각이 뛰어난 한인들은 유통, 음식점, 금융을 슬금슬금 잠식해가며 현지 경제력을 장악한다. 공식 통계에 의하면 1949년 이 지역의 한인은 6.6퍼센트에 불과했으나 1994년에는 38퍼센트로 늘었고, 지금은 한인과 위구르인의 수가 역전되어 위구르인이 소수로 전락했다. 위구르인이 약 800만 명, 한인이 약 1,000만 명이다.

또한 지금 신장 위구르 자치구를 가보면 거의 모든 간판, 공문서, 출판물이 한자로 쓰여 있다. 초등학교, 중학교에서 한자로 교육하고 TV에서도 중국어 CCTV가 방송된다. 위구르 문자는 슬슬 퇴색되고 한자문명권의 마력에 빠져들고 있는 것이다.

중국 정부는 위구르인과 한인의 결혼을 정책적으로 장려한다. 위구르인이 한족과 결혼하면 그 자녀들은 한인이 된다. 이런 추세라면 신장 위구르 자치구는 얼마 안 가 위구르인의 땅이 아닌 한인의 땅이 될 것이다.

칭짱철도로 한화가 가속되는 티베트

사정은 티베트도 비슷하다. 한때 토번 왕국은 파미르고원을 중심으로 실크로드의 길목을 장악하고 강력한 군사력으로 지금의 티베트뿐만 아니라 칭하이성, 신장 위구르 자치구, 키르기스스탄에 이르는 광대한 지역을 통치했다. 오죽했으면 당 태종이 아끼는 문성공주를 그 멀고 험한 히말라야의 송첸감포(티베트 초대 국왕)의 부인, 그것도 첫 번째가 아닌 두 번째 황후로 보냈겠는가.

티베트도 1950년 인민해방군의 총칼에 무릎을 꿇었다. 히말라야의 험한 지형은 국토를 방위하기에 좋은데 왜 그렇게 어이없이 나라를 빼앗겼는지 도무지 이해가 안 된다. 다행히 달라이 라마가 인도로 망명하여 국제적 지원을 받으며 독립운동을 하고, 원체 험한 산맥으로 둘러싸인 오지로 베이징으로부터 접근이 쉽지 않아 언젠가는 제 나라를 찾을지도 모른다고 생각했다.

"이제 티베트의 독립은 물 건너갔구나!"

2006년 중국대륙에서 티베트 라싸를 잇는 칭짱철도가 완공된 것을 보고 필자가 혼자 되새긴 말이다. 일단 철길이 뚫리니

우려했던 대로 한인들이 몰려가고 중국의 엄청난 문물이 히말라야 은둔의 나라에 쏟아져 들어가기 시작했다. 하늘과 바람, 산을 벗 삼아 살던 티베트인들이 세계 최고의 상인 중국인을 당해낼 리 없다. 벌써 티베트의 상권은 한인들이 장악하고 현지인들은 가난한 소외자로 전락해가고 있다.

지금 라싸를 가보면 한자 간판이 거리를 뒤덮고 중국산 먹을거리, 하이얼 TV, 샤오미 휴대폰이 흘러넘친다. 티베트도 한인의 땅이 되어 가고 있다. 참으로 안타까운 일이나.

한화의 3단계: 문화적 점령

한화의 마지막 단계는 문화적 점령이다. 위구르, 티베트, 만주족들도 한때 나름의 고유 문자를 가지고 있었다. 위구르는 그냥 초원을 떠도는 미개한 유목민이 아닌 상당한 고유 문화를 가진 민족이다. 중국 주변국 중에서 처음으로 위구르 문자를 만들었고 몽골 문자에도 큰 영향을 미쳤다. 세종대왕도 한글을 만들 때 위구르 문자에 큰 영향을 받았다고 한다. 또한 위구르의 상인, 지식인들은 칭기즈칸의 핵심참모, 재무관, 군인, 행정관이었을 정도로 측근세력으로서 몽골제국의 세계 경영에 깊게 관여했다.

한때 티베트의 라마교는 대몽골제국의 국교였고 고유한 티베트 문자를 가지고 있었다. 1119년 금나라 때 여진문자가 만들어져 금나라가 멸망한 뒤에도 200년간 쓰였다. 거란문자도 청나라 도광제까지 윈난성 근처에서 사용됐다. 하지만 이들 문자는 문자경쟁력에 있어 한자와 비교가 되지 않았다. '문자 전쟁'에서 패해 고유 문자를 잃고 결국 한자문명권에 편입됐다.

필자는 대만의 고궁박물관에 가보고 깜짝 놀랐다. 3,000년 전 요순 시대에 쓴 갑골문자를 그대로 읽을 수 있었다. 책에 있는 한자와 똑같았기 때문이다. 런던의 대영박물관이나 그리스의 아테네박물관에 가보자. 고대 그리스어, 라틴어 같이 번창했던 문명의 문자들이 사라지거나 고어가 돼버렸다. 언어학자나 해독할 수 있지 현대인은 읽을 수가 없다.

그런데 놀랍게도 한자는 수천 년이 지나도 변하지 않고 강력한 한자문명권을 형성하고 있다. 이 같은 한자문명권 형성이 가능한 여러 요인 중 하나는 한자가 영어나 우리말과 달리 표의문자이기 때문이다. 즉 중국 땅에 사는 다른 민족들이 일상생활에서는 자신들의 말을 쓰지만 한자만 배우면 언제든지 서로 소통할 수 있다. 그래서 '한인'을 한자를 통해 의사소통을 하는 사람들이라고 말하기도 한다. 재미있는 것은 상하이와 항저우가 차로 두세 시간 거리인데 쓰는 말이 다르다. 남송의 수도 임안이었던 항저우는 거란을 피해 북쪽에서 내려온 사람들이 쓰는 말을 사용했기 때문이다.

　문자는 어느 민족이나 국가의 정체성을 유지하는 데 있어 가장 중요한 버팀목이다. 어느 민족이든 자신의 말과 문자를 잃고 주변의 거대한 제국이 만든 문자문화권에 종속되면 그 민족의 소멸은 시간문제다. 외적의 총칼로 빼앗긴 나라는 되찾을 수 있지만 영혼이 외세에 동화되면 모든 게 끝상이나.

한화의 늪에 빠진 정복자 만주족

정복자였으나 어처구니없이 한화의 늪에 빠져 고유한 정체성을 잃어버린 대표적인 예가 만주족이다. 역사를 읽을 줄 알았던 청 태조 누르하치는 한족과 만주족이 뒤섞이면 결국 한화의 늪에 빠질 것을 우려했다. 그래서 모든 공문서는 반드시 만주어와 한자를 병기하도록 했다.

　베이징의 자금성에 걸린 현판들을 자세히 보면 한자와 만주어가 같이 쓰여 있다. 그러나 어설픈 만주어가 한자를 따라갈 수는 없었다. 결국 만주어는 거의 흔적도 없어지고 대청제국의

한자와 만주어로 쓰인
자금성 현판.

깃발 아래 276년간 중국대륙을 통치하던 만주족은 랴오닝성에서 겨우 소수의 명맥만 유지하고 있다.

2015년 랴오닝성 사회과학원 세미나에 참석하기 위해 선양을 방문했을 때 공항에 사회과학원 직원이 영접을 나왔다. 보통의 중국인보다 키가 크고 유난히 기골이 장대했다. 이야기를 나눠보니 만주족이라고 했다. 만주어를 할 수 있느냐고 물으니 할아버지, 할머니 때까지는 한 것 같은데 자기들 세대는 거의 모른다는 것이다. 이틀 동안 같이 지내며 느낀 점은 한국인 교수가 자신을 만주족이라고 인식하는 것을 별로 좋아하지 않는 것 같았다. 자신은 어엿한 한인이라는 것이다.

필자가 서강대학교 국제대학원에 있을 때 많은 중국인 학생들 속에 간혹 '느낌이 좀 이상하다' 싶은 학생들이 있었다. 그래서 물어보면 어김없이 만주족이었다. 우리와 피가 섞인 같은 몽골리안이라서 그런가 보다. 교수가 배려해주며 물어야 자신이 만주족이라고 말하지 절대 자기 스스로 만주족이라고 밝히지는 않는다. 이야기를 해보니 한인으로 사는 게 편하고 굳이 자신들의 뿌리를 밝히고 싶지 않다는 것이다. 대청제국을 세운 조상에 대한 자부심 같은 것은 찾기 힘들었다. 앞서 얘기했듯이 부모 중 한 사람이 한족이면 2세는 자동으로 한족이 된다. 그러니 소수민족이 점점 없어지는 것이다. 이것을 보면 우리 민족은 대단하다. 중국 옆에 붙어 있으면서 한화되지 않았으니 말이다.

유일하게 한화에 실패한 한반도

지금 우리 사회는 지도자부터 국민에 이르기까지 너무 중국 눈치를 보고 휘둘리는 패배의식이 팽배해 있다. 오죽이나 우리를 우습게 봤으면 '파로호' 개명까지 요구했겠는가. 중화사상에 젖은 중국은 굽히는 나라는 우습게 보고 거칠게 대하지만 강하게 나오는 상대에게는 움칠한다. 그들에게 정신적으로 굴종하지 않기 위해서는 우선 한자 중심의 역사 인식 때문에 만들어진 신(新)사대주의나 소중화 사상에서 벗어나야 한다.

비한자 문명의 새로운 역사의 틀 속에서 보면 한반도는 한화형 제국주의가 실패한 유일한 지역이다. 중국 군대가 압록강을 넘어 재미를 본적이 거의 없고, 그 생활력 강한 한족도 한반도에서는 뿌리를 내리지 못했다.

한글의 문자경쟁력은 대단하며 특히 정보화 시대에는 한자를 앞지른다. 대한민국에는 그들이 섣불리 한국전쟁을 일으켜 불러온 세계 최강의 미군이 있다. 이렇게 한중관계를 독창적이고 새로운 비중국의 역사관으로 조명해야만 우리 역사에 대한 자긍심을 가질 수 있고, 그래야만 날이 갈수록 패권국가로 치닫는 중국에 강하게 맞설 수 있다.

산속으로 쫓겨난 중국의 소수민족

오늘날 윈난성, 구이저우성, 광시성 등에 가보면 깊은 산속에 아름다운 계단식 논과 밭을 만들어 묘족, 장족, 이족 등의 소수민족이 살고 있다.

"정말 공기 좋고 풍광 좋은 산속에서 행복하게 살고 있네요! 더구나 미세먼지도 없고요."

혹시 관광을 갔다가 그들을 보고 이렇게 감탄한다면 정말 큰 착각이다. 현지의 소수민족들이 알면 엄청 열받을 것이다. 원래부터 이들이 산악부족은 아니었다. 옛날 옛적에는 산 아

중국공산당 최대 연례행사인 양회(협상회의+전국인민대표회의)에 참석한 소수민족들(출처: 연합뉴스).

래 넓고 농사 잘되는 비옥한 땅 황하 유역에 살았다. 그런데 밀려오는 한족의 세력에 밀리고 밀려 결국 깊은 산속으로 피해 들어간 것이다. 물론 이 과정에서 많은 소수민족이 한화했지만 묘족은 한족에 대한 저항정신이 강해 한화를 거부하고 아예 백이숙제처럼 산속으로 들어가 종족의 정체성을 유지하고 있는 것이다.

농경사회나 목축사회에서 가장 강한 자는 평지를 지배한다. 농사가 잘되는 농토와 목축하기 좋은 초원은 모두 평지에 있다. 힘에서 밀린 약자는 산속으로 기어들어가 겨우 명맥을 유지하며 허덕거린다.

3장

한자문명에 의해 왜곡된 북방 몽골리안의 세계

북방 몽골리안으로부터 자유롭지 않았던 한족 왕조

유방이 항우를 물리치고 기원전 202년에 세운 한나라가 역사상 최초의 한족 왕조다. 우리와 인종이 다른 지나족(支那族)에 뿌리를 둔 '한족'이란 개념도 이때부터 생겼다고 한다.

자신감에 넘친 한고조 유방은 북쪽의 야만족 흉노를 토벌하기 위해 친히 30만 대군을 이끌고 출병한다. 거짓 후퇴하는 흉노의 유인전술에 걸려들어 소수 기병만 데리고 정신없이 추격하다가 백등산에서 흉노의 왕 묵돌선우의 40만 대군에 포위당한다. 묵돌선우가 마음만 먹으면 유방의 군대를 얼마든지 섬멸할 수 있었다.

군사적으로는 도저히 대항할 수 없음을 안 유방은 선을 대어 묵돌선우의 여인에게 후한 선물을 주고 흉노 왕을 설득하게 한

다. 구사일생으로 빠져나
온 후 유방은 공주를 보내
고 매년 일정량의 비단, 목
화, 곡물을 흉노에 바쳐야
했다. 중국 역사는 한나라
가 오랑캐 흉노에 하사(下
賜)했다고 말한다. 하지만
다른 각도에서 보면 한때
중앙아시아를 지배한 흉

중원으로 진출한 북방 몽골리안

노제국의 눈치를 보며 조공을 했는지도 모른다. 군사력이 약한
북송도 1004년 요나라와 '단연의 맹서'를 맺고 매년 비단 20만
필과 은 10만 냥을 바쳤다. 남송 또한 금나라에 세공(歲貢)을 하
며 왕조의 명맥을 유지하다가 결국 1279년 몽골의 대칸인 쿠빌
라이군에 의해 멸망하고 말았다.

재조명해야 할 북방 몽골리안의 세계

역사의 피해자가 승자의 역사를 기술한다면 당연히 짓밟힌 분
노가 붓끝에 담긴다. 오늘날 우리가 배우는 거의 모든 흉노, 거

란, 돌궐, 위구르의 역사는 사마천의 〈사기(史記)〉, 〈전한서(前漢書)〉, 〈후한서(後漢書)〉, 〈당서(唐書)〉 등에 한자로 쓰였다. 몽골제국의 역사는 〈원사(元史)〉인데 이것은 피해자인 한족의 나라, 명나라가 쓴 것이다. 이 같은 배경에서 볼 때 한자로 쓰인 북방 몽골리안의 역사는 상당 부분 왜곡되지 않을 수 없다.

몽골의 수도 울란바토르에서 나라 이름을 '몽고'라고 부르면 큰일난다. 중국인들이 우매할 '몽(蒙)'자를 쓴 것이다. 중국사회에서는 '머리가 아둔한 몽고 놈들'이란 비아냥거림이 있다. 반드시 나라를 말할 땐 '몽골', 사람을 말할 땐 '몽골리안'이라고 해야 한다. 중국 역사에서 몽골리안의 야만성을 지칭하는 것은 그 명칭에서도 잘 나타난다. 흉노(匈奴)는 '흉포한 종놈', 돌궐은 '마구 날뛰는 야만인'이란 뜻이다. 분명히 피해자인 한족이 만든 문자 폭력이다.

하지만 북방 민족의 세계는 활이나 쏘며 약탈하는 그런 야만의 세계는 아니었다. 서양에서조차 잔인한 약탈자, 파괴자로 묘사되는 몽골제국에 대해 한번 재조명해보자. 몽골제국에 대한 역사는 한자 말고도 세계 20여 개 국어로 쓰였다.

아브라함 도손(A. D'Ohsson)의 〈몽골사(Histoire des Mongols)〉 같은 서양 사료와 함께 〈몽골비사〉, 〈집사(集史)〉 등 몽골 쪽에서 쓴 역사가 남아 있다. 의외로 몽골제국의 경영에 참여한 무슬림 상인들이 페르시아어로 쓴 역사도 많아 몽골제국의 진면목에 좀 더 다가갈 수 있다. 그래서 요즘 국내 사학자들이 이란의 테헤란, 터키의 이스탄불 등에 가서 몽골제국이나 북방 기마민족의 역사를 연구하고 있다. 이는 아주 좋은 현상이다.

한자로 쓰인 것 이외의 다양한 역사적 문헌을 가지고 동북아의 역사를 연구해야만 보다 객관적인 역사적 진실에 접근할 수 있다.

몽골리안의 세계: 7개의 몽골 집단

우리 민족은 몽골족이다. 일본인도 같은 몽골족이다. 하지만 인종학적으로 중국인은 몽골족이 아니다. 핏줄이 다른 지나족이다. 학자들에 따라 몽골리안의 정의는 천차만별이다. 아주 넓게 보면 아메리카 인디언들도 몽골리안이라고 한다. 어린 인디언의 엉덩이에 '몽골반' 즉, 인종적으로 몽골리안에게만 나타나는 '몽골리안 스팟(Mongolian Spot)'이 있다고 한다. 그 옛날 얼어붙은 베링해를 건너 북미대륙에서 아마존 밀림까지 내려간 것이다.

필자가 인도의 타지마할에 갔다가 깜짝 놀랐다. 우리와 정말

우리와 생김새가 비슷한
인도의 몽골인.

똑같이 생긴 아저씨, 아줌마가 인도의 전통의상을 입고 있는 것
이다. 알고 보니 인도 동북지역에 약 2~3,000만 명의 몽골리안
이 살고 있다고 한다. 10억 명이 넘는 인도 인구에 비하면 2~3
퍼센트에 불과하지면 수적인 면에서는 몽골 초원의 몽골리안보
다 많다.

역사적으로 16세기부터 19세기까지 인도를 지배한 그 유명
한 무굴제국도 몽골리안이 세운 왕조다. 중앙아시아 우즈베키
스탄 근처에 티무르제국을 세워 실크로드를 호령한 적이 있는
무슬림계 몽골인들이 인도대륙으로 들어간 것이다. 어찌 보면
몽골리안처럼 유라시아, 인도, 아프리카, 아메리카대륙까지 넓
게 퍼져 살고 발자취를 남긴 종족도 없을 것이다. 돌궐의 후예
인 터키인이 세운 오스만제국이 한때 북아프리카의 모로코까지

지배했다. 하지만 이 책에서는 몽골리안을 좁게 해석해 우리를 포함한 7개의 몽골 집단만 북방 몽골리안이라고 말하겠다.

- 몽골 우르스: 한때 몽골제국을 세웠고 지금의 중국 땅이 된 내몽골과 몽골공화국인 몽골 초원(외몽골)에 산다.

- 키타이: 우리 역사에 나오는 바로 거란족이다. 서만주 일 대에서 살던 기마민족으로 요나라를 세웠다. 발해를 멸망 시키고 고려와 30년 넘게 전쟁을 했다.

- 여진: 청나라 이후에는 만주족이라고 부른다. 우리와 지리 적으로 가장 가까운 압록강·두만강 변, 만주지역에 살았 다. 일부 여진족은 한때 함경도 일대와 평안도 북부에서도 살았으니 우리와 자연스럽게 피가 가장 많이 섞였을 것이 다. 금나라, 청나라를 세운 민족이다.

- 위구르: 지금 중국의 신장지역에 사는 이슬람계 민족이다. 당나라 때는 서역을 거의 복속시키고 당나라의 수도 장안 을 풍전등화로 만들 정도로 강한 제국을 건설했다. 고유 문자와 상대한 문명을 가진 민족으로 몽골제국의 참모진

으로서 제국의 경영에 깊게 관여했다. 신장 위구르 자치구에 갔을 때 현지의 위구르인들을 역사적으로 중국이나 우리나라보다 문명 정도가 낮은 사람들로 얕봐서는 안된다.

- 투르크: 지금의 터키에 산다. 몽골고원과 터키를 잇는 중앙아시아에 있는 나라들은 '스탄' 국가다. 우즈베키스탄, 카자흐스탄, 키르기스스탄, 타지키스탄, 투르크메니스탄. 스탄은 '○○족이 사는 땅'이란 뜻이다. 즉, 우즈벡족이 사는 땅이 우즈베키스탄이다. 이들 국가는 모두 돌궐-터키계로서 언어학적으로 알타이어를 쓴다. '스탄' 국가들은 역사적으로 고구려, 고려, 신라 등과 많은 교류가 있었다.

- 일본인: 대륙에서 건너간 몽골계와 남쪽 태평양쪽에서 온 남방계가 있다. 하지만 주류는 북방 몽골리안이다. 역사적으로 선비, 흉노, 말갈, 실위, 유연 등의 기마민족이 등장하는데 이들 모두 시대의 흐름에 따라 동아시아에서 활동하다가 지금까지 말한 7개의 몽골 집단으로 흡수됐다고 볼 수 있다.

실크로드 FTA를 구현한 개방된 '팍스 몽골리카'

몽골 기마군단은 정복과정에서 약탈과 파괴를 많이 했다. 그 점은 인정해야 한다. 하지만 일단 제국을 건설하고 나서는 경제적으로 상당히 번창한 글로벌 통상대국을 만들었다. 최근 한국, 일본, 유럽 등 중국 이외의 외국 학자들의 객관적 연구에 의하면 몽골제국은 경제적으로 상당히 번창했을 뿐더러 실크로드를 통해 동·서양 간의 물자와 인적 교류가 무척 활발했다고 한다.

당나라 장안(지금의 시안)에서 중앙아시아를 지나 이탈리아의 베네치아에 이르는 실크로드는 장장 7,000킬로미터에 이르는 대장정이었다. 기독교와 중동의 이슬람교, 인도에서 기원한 불교가 동쪽으로 전해진 것도 바로 이 길을 통해서였다. 하지만 이 길의 왕자는 단연코 실크, 즉 비단이었다.

"그 손에는 아무런 감촉이 없었다."

이탈리아의 소설가 알레산드로 바리코(Alessandro Baricco)는 자신의 소설 속 주인공을 통해 비단을 처음 만지는 순간을 이렇게 묘사했다. 서양에서 오랫동안 비단은 '구름처럼 가볍고 차가우면서도 따뜻하고, 입어도 입지 않은 듯한 느낌'을 주는 신비의

천이었다. 비단의 제조기술은 1,000여 년간 비밀에 가려졌기에 로마의 학자 플리니우스(G. Plinius, 23~79년)도 그의 저서 《박물지 (Natural History)》에서 비단이 나무에서 나는 것으로 기술했다.

로마 시대 초기에는 비단이 너무 비싸 재단사들은 비단을 장식용으로만 사용했다. 로마 귀족들의 비단 사랑 때문에 연 1억 세스테르티우스(고대 로마의 화폐 단위)가 국외로 나가는 것을 막기 위해 비단에 25퍼센트의 수입 관세를 매길 정도였다.

독일의 학자 브루노 바우만(Bruno Baumann)은 그의 저서 《실크로드 견문록》에서 중국 장안의 비단이 실크로드를 지나 유럽에 도착하면 무려 가격이 200배 뛰었고, 로마 시대에 비단 1킬로그램의 값은 금 1킬로그램과 같았다고 말했다. 물론 그 이후 교역이 활발해지면서 비단 가격이 내려갔다. 비단 한 필은 길이 3.5미터에 너비 50센티미터 정도였는데 비단을 낙타 등에 싣고 먼 길을 가려면 엄청난 비용이 들었다.

바우만의 기록에 의하면 낙타 600마리에 비단 1만 필을 싣고, 240명의 상인과 낙타 다루는 사람, 그리고 가끔은 도적 떼를 만나 털리기도 하니 무장한 호위 병사들까지 데리고 가야 했다. 엄청난 여행 비용도 문제지만 실크로드에 늘어선 수많은 왕국을 지나야 하고 그때마다 통행세 등 온갖 명분으로 뜯기고 또 뜯겼을 것이다. 그렇게 경비와 감내해야 할 리스크가 엄청난 비즈니스다 보니 이런저런 비용을 다 합치면 비단값이 200배로 뛸 만했다.

그런데 몽골제국은 이런 문제를 단숨에 해결해주었다. 제국 내 무역에서 모든 국경 통행세(관세)를 철폐하고, 대신 최종 목적지에서 물건을 팔 때 가격의 1/30을 상품세로 받았다(스기야마 마사아키, 《유목민의 눈으로 본 세계사》, 2011). 언뜻 보면 '이렇게 낮은 세율을 부과해 몽골제국이 어떻게 재정수입을 확보했을까?' 하고 의문도 든다. 하지만 관세가 낮으면 그만큼 실크로드의 교역이 늘어나고 자연히 제국의 돈주머니도 두둑해진다. 또한 몽골제국은 소금을 전매해 염세를 징수했다. 요즘에는 소금이 흔하지만 그 당시만 해도 소금은 인간의 생존에 필요한 금싸라기 같은 것이었다.

몽골제국이 이같이 관세를 낮춰 교역을 활성화시킨 것은 오늘날로 말하면 실크로드에 있던 수많은 나라가 자유무역협정(FTA)을 맺은 셈이다. 그러니 자연히 실크로드를 통해 동·서양 간의 교역이 활발해지고 몽골제국은 번성했다.

더욱이 재미있는 것은 그 당시 실크로드의 상권을 잡고 있던 페르시아 위구르 상인들과 몽골제국이 합작해 오늘날의 삼성물산 같은 종합무역상사를 만들었다. 이를 투르크어로 오르톡(O'rtoq)이라고 하는데 '동업자, 조합'이란 뜻이다. 오르톡들은 몽골제국이 발행한 왕실특허장을 가지고 제국 내 통행이나 역참 시설, 상업에서 각종 특혜를 누리며 교역을 했고, 그 이익을 몽골 왕실 투자자들과 나누어 가졌다.

우리가 평소 생각했던 활이나 쏘며 약탈하는 그런 몽골제국이 아니다. 다른 나라와의 무역과 투자를 통해 부를 창출하겠다는 글로벌 비즈니스 마인드가 상당히 있었다.

사실 칭기즈칸이 지금의 바그다드에 있던 화레즘 샤 제국을 정벌하러 갈 때 그곳은 몽골군이 가보지 않았던 미지의 땅이었다. 그러니 누군가가 적국의 정보를 알려주고 길 안내를 해주지 않았다면 아무리 뛰고 나는 몽골 기마군단이라도 그렇게 빨리 중앙아시아와 중동을 정복할 수 없었을 것이다.

그때 길 안내를 한 것이 바로 실크로드를 오가던 페르시아와 위구르 상인들이었다. 일단 몽골 기마군단이 군사적으로 정복을 하면 뒤따라 무슬림 상인 집단이 들어가 징수, 교역, 행정의 일부까지 대행했다. 어찌 보면 몽골제국은 몽골 기마군단과 페르시아-위구르 상인이 합작한 군(軍)·상(商) 복합 글로벌 비즈니스 집단이라고 해도 과언이 아니다.

바람과 같이 달리며 사람들을 끌어안은 개방된 사회

신분과 각종 혈연으로 뒤얽힌 농경민족과 달리 유목을 하는 몽골제국은 상당히 개방적이었다. 인종, 지위, 종교를 불문하고 항복한 적의 병사는 본인이 원하면 '몽골 집단(Mongol Ullus)'으로 받아주었다. 즉 칭기즈칸의 대제국을 만든 몽골인들은 종족이나 혈연에 바탕을 둔 개념이 아니라 일종의 '개방된 집단' 개념이었다.

이런 방식으로 몽골 초원에 있던 나이만, 타타르, 케레이트 등 여러 부족을 끌어안아 통일했다. 다음으로 몽골 집단에 편입된 몽골리안은 몽골 초원의 서쪽 변경에 있던 위구르족, 동쪽 변경에 있던 키타이(거란)족이었다. 당시 위구르족과 키타이족은 고유 문자와 함께 상당한 문화를 가진 요즘 말로 하자면 '잘 나가던' 민족으로 몽골제국의 브레인 역할을 톡톡히 했다.

칭기즈칸의 큰아들 주치가 이끄는 몽골군이 헝가리와 폴란드를 덮칠 때 병력이 10만 명이었다. 하지만 몽골고원을 출발할 때는 불과 5,000명이었다. 서쪽으로 가면서 현지의 기마민족, 특히 중앙아시아의 서쪽에 있던 투르크계의 킵차크족을 몽골 집단으로 흡수해 병력의 20배를 늘인 것이다. 유럽 역사에 의하면 헝가리군이 사로잡은 몽골군의 장교 한 명은 놀랍게도 영국인이었다고 한다.

이렇듯 능력만 있으면 오리지널 몽골인이 아닌 사람이라도 얼마든지 군에서 천인장(千人長), 만인장(萬人長) 즉 요즘으로 치자면 대대장, 사단장으로 출세할 수 있었다. 그 유명한《동방견문록》의 저자 마르코 폴로도 원나라에 머물며 쿠빌라이 칸의 총애를 받고 세금징수관 등의 관직에서 일했다.

몽골제국은 종교에 있어서도 개방적이었다. 플라노 드 카르피니는 교황의 사절로 1245년 4월 프랑스 리옹을 출발해 몽골제국의 수도 카라코룸까지 6,500킬로미터를 여행해 몽골의 3대 칸 귀위크를 만나고 돌아와《몽골인의 역사》를 썼다. 그의 여행기에 의하면 몽골제국은 종교의 자유를 인정해 카라코룸에는 국교인 라마교와 불교는 물론 사라센과 기독교의 네스토리우스파까지 있었다고 한다.

중국인의 몽골리안 콤플렉스를 너그럽게

지금까지 살펴본 바와 같이 한족, 특히 요즘 한창 큰소리를 치는 시진핑 주석의 DNA에는 바람과 같이 말 달리며 자신들을 지배하던 북방 몽골리안에 대한 콤플렉스가 있는지도 모른다.

국가건 개인이건 콤플렉스가 있으면 뭔가 허세를 부리고 유별을 떤다. 그런 측면에서 요즘 요란을 떠는 '중화민족의 위대한 부흥'을 너그럽게 이해해주면 된다.

한때 중원을 지배하던 거란족, 몽골족, 여진족 모두 흔적도 없이 사라지거나 그 일부만이 외몽골에서 명맥을 유지하고 있다. 그런데 중화제국에 한화되지 않고 세계 10위권의 '미들 파워'로서 건재하는 북방 몽골리안의 나라는 딱 하나, 한반도의 대한민국뿐이다. 우리 역사와 민족, 국가에 대해 사긍심을 기저야 한다.

몽골리안에 채찍질 당하는 러시아인

1980년대 유학 시절 학기 말 시험을 마치고 '영화나 한 편 볼까' 하고 세느강 변 소르본느 근처에 있는 허름한 극장에 들어갔다. 그간 시험공부를 하느라 피곤하기도 해 반쯤 졸며 영화를 보다가 깜짝 놀랐다.

아시아의 역사를 다룬 영화였는데 말 위에 올라탄 군인이 바닷가에서 그물을 끄는 일꾼을 채찍으로 사정없이 후려치는 것이 아닌가. 그런데 놀랍게도 말 등에 탄 사람은 우리와 똑같이 생긴 동양인이었고, 고된 일을 하며 얻어터지는 사람은 피부가 하얗고 덩치가 큰 러시아인이었다.

그때까지 헐리우드 영화만 보아온 내게는 신선한 충격이었다. 영화나 드라마에서 늘 힘센 지배자는 영국인, 미국인, 프랑스인이었고 짓밟히고 얻어터지는 가련한 인간들은 모두 동양인이나 흑인이었다. 그 영화를 보고 지금껏 맛보지 못했던 희한한 희열(!)을 느꼈다.

그때부터 동서양의 역사에 관심을 갖고 여러 책들을 읽어 보았다. 칭기즈칸의 몽골제국이 지금의 러시아 땅을 수백 년간 통치했고, 몽골 군대가 헝가리, 폴란드까지 달려가 당시 최강의 유럽기사단과 한판 붙어 그들을 완전히 도륙냈다는 새로운 사실을 알게 되었다.

이와 같은 몽골리안의 역사는 서구중심 시대에 살아온 우리를 신바람 나게 만들었다.

| 4장 |

몽골제국과
고려

몽골제국이 유일하게 멸망시키지 않은 나라

몽골제국은 정복한 나라의 왕조들을 모두 무너트리고 직접 통치했다. 그런데 단 하나, 현지국의 왕이 통치하게 한 예외가 있었으니 바로 '고려'다.

13세기 몽골 기마군단의 말발굽 아래 유라시아의 모든 왕국이 초토화됐다. 칭기즈칸은 저항하던 서하제국을 지상에서 쓸어버렸다. 사라센 세계의 중심이던 화례즘 샤 제국의 도시들도 철저히 파괴했다. 그러고는 무슬렘 세계에 '일한국(汗國)'을 세워 직접 통치했다. 우크라이나의 키에프가 강력히 저항하자 대도시의 흔적을 없애버리고, 킵차크한국(Kipchak Khanate)을 세웠다. 중국도 마찬가지다. 송 왕조를 없애고 원나라를 세웠다.

그런데 몽골제국에 30여 년을 끈질기게 저항한 고려는 멸망

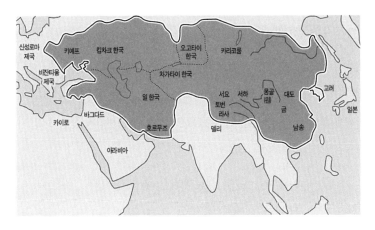

유라시아대륙의 대부분을 차지했던 몽골제국의 최대 판도

시키지 않았다. 전 세계에서 몽골제국에 거세게 맞서다가 정복을 당하고도 왕조를 유지한 유일한 나라가 고려다.

게임의 룰을 바꾼 칭기즈칸: 약탈전쟁을 정복전쟁으로

13세기 몽골 초원에는 몽골, 나이만, 케레이트, 타타르, 메르키트 등 여러 개의 유목 부족이 말과 양 떼를 키우며 살았다.

오늘날 몽골고원에 가보면 푸른 초원 위에서 양 떼들이 한가롭게 풀을 뜯고 있다. 군데군데 하얀색의 게르 천막이 있고 말들이 달리는 것을 보고 있으면 '아, 바로 이런 곳이 지상낙원이구나!' 하는 생각이 든다. 하지만 이것은 초원에 유채꽃이 만발하고 목초지가 풍성한 6월 몽골에 가본 관광객의 로망(!)일 뿐이다.

칭기즈칸 시대의 몽골 초원은 전혀 평화롭지 않았다. 칭기즈칸이 등장하기 전에는 유목민 특유의 '약탈-보복의 악순환'이 되풀이되는 약육강식의 초원이었다. 예를 들어 몽골족이 타타르족을 습격하면 가축을 일부러 내버리고 도주한다. 몽골 병사들은 서로 가축을 많이 약탈하느라 적을 추격하지 않는다. 이 틈에 적은 무사히 도망친다. 얼마 후 힘을 키운 타타르족이 몽골족을 기습하고 똑같은 약탈과 보복이 반복된다.

칭기즈칸은 초원에서의 게임 룰을 '약탈전쟁에서 정복전쟁'으로 바꾸었다. 우선, 병사 개인의 약탈을 금지했다. 완전히 승리하고 난 후에 전리품을 모두 모아 놓고 정확히 n분의 1로 공평하게 나누어 가졌다. 그러니 전투에서 도주하는 적을 쫓다가 양 떼를 약탈하러 가는 일이 없어졌다. 물론 도망가는 적의 지배계급은 끝까지 쫓아가 철저히 박멸했다. 그래야만 보복의 악순환이 사라지기 때문이다. 하지만 항복한 부족민은 몽골 우르스의 일원으로 받아주었다.

유라시아대륙을 정복한 몽골의 기마군단

이렇게 몽골 초원을 정복하고 난 후 칭기즈칸이 25년간 정복한 땅은 로마제국이 400년간 정복한 땅보다 더 넓었다. 몽골 기마 군단의 압도적인 힘은 놀라운 기동성이었다.

몽골 병사들은 평균 4~5마리의 말을 끌고 전쟁터에 나가는 데 2~3일 정도는 말을 갈아타며 계속 달린다. 달리는 말 등 위에서 잠을 자고, 타던 말이 지치면 다른 말로 갈아탄다. 말 등에 앉아 말린 육포를 씹으며 먹을거리를 해결하고, 말젖(마유)을 마시거나 필요하면 말의 피까지 뽑아 마신다. 적절한 양만 뽑으면 말에게 큰 지장을 주지 않는다고 한다.

짤막한 몽골 말이지만 하루에 200~300킬로미터까지 달리니, 서울-부산 거리를 이틀 만에 질주하는 것이다. 원정을 나갈 때 병사 한 명이 소 한 마리를 육포(보르츠)로 만들어 양의 오줌보에 넣은 뒤 말꼬리에 달고 다닌다. 그냥 씹어 먹기도 하고 여유가 있을 땐 끓는 물에 채소와 함께 넣어 샤부샤부도 해 먹는다. 소 한 마리를 육포로 말리면 대략 1년 치 식량이니 몽골 병사들은 1년 치 식량을 자기 말에 싣고 다니는 셈이다. 전쟁 시에도 꼭 쌀을 먹어야 하기에 엄청난 군량미를 수레에 질질 끌고 다니는 중국 병사와는 군수조달 체계가 완전히 다르고 기동성에 있어서 게임이 되지 않는다.

　몽골 병사들은 기동성이 뛰어날 뿐만 아니라 추위에도 잘 견딘다. 파미르고원의 밤새 쌓인 눈 밑에서 잠을 자다가도 아침이면 눈을 툭툭 털고 일어난다. 한겨울 몽골 초원에 가보면 영하 40도까지 떨어지고 칼바람이 부는데 조그만 난로 하나 가지고 게르 천막에서 지낸다. 그러니 어지간한 추위는 추위도 아니다. 전 세계에서 영하 30도의 한겨울 추위와 영상 30도의 한여름 열기에 견딜 수 있는 민족은 몽골리안뿐이라고 한다.

　고구려의 전통을 이어받은 몽골군의 기마사술(騎馬射術), 즉 달리는 말에서 일어나 앞뒤 사방으로 활을 쏘는 것을 말하는데, 역사적으로 이를 할 수 있는 민족은 몽골, 흉노, 여진 외에 고구려 병사 정도였다. 더 놀라운 사실은 몽골 말과 유럽의 말은 뛰는 방법이 서로 다르다. 몽골 말은 전쟁터에서 주인이 원하면 달리면서 네 발을 동시에 공중에 띄운다. 말 등에 탄 몽골 병사는 이같이 흔들림이 없는 무진동의 순간에 활을 쏘기에 그 정확도가 놀랍다. 이렇게 말을 달리면서 활을 쏘면 화살이 하늘을 시커멓게 덮고 날아가 적의 갑옷과 방패를 뚫는다. 거기에다 적을 더 질리게 하는 것은 1,000마리의 말이 질주하면 말 그대로 땅이 울리고 천지가 진동한다.

　전쟁터에 나선 병사들이 가장 겁을 먹는 것 중 하나가 적의 대포소리, 총소리, 탱크의 굉음 등이다. 이 정도면 현대전의 기총소사(機銃掃射) 수준이니, 칼과 창을 들고 맞붙기 전에 이미 승패가 결정난다.

역사적으로 외적이 한반도를 점령하지 못한 7가지 이유

"동아시아에서 중국의 영토에 편입되고 한자문명권에 들어갔다가 빠져나온 나라는 한국과 베트남 두 나라뿐이다."

우리가 한사군 시대에 중국의 일부가 되었다가 삼국 시대에 빠져나왔듯이, 베트남도 명나라 시대까지 1,000년간 중국의 지배를 받다가 독립했다. 하노이 시내 중심에 있는 호타이 호수에 가면 한자가 쓰인 낡은 비석들이 있다. 옛날에는 그들도 우리처럼 한자를 썼다. 17세기 프랑스 선교사 알렉산드르 드 로드(Alexandre de Rhodes)가 알파벳을 이용해 오늘날의 베트남 문자를 만들면서 한자문명권에서 빠져나온 것이다.

역사상 가장 파괴력 있는 한화형 제국주의에 녹아들지 않고, 무적의 몽골제국에도 쉽게 굴복하지 않았다. 베트남도 몽골제국의 군대를 막아냈다고 한다. 두 나라 모두 대단한 민족이다.

몽골군이 적을 제압한 경쟁력인 기마사술로 말을 달리며 활 쏘는 기술을 말한다.

그럼 몽골군과 거란족, 만주족 같은 외적이 한반도를 쉽게 굴복시키지 못한 요인을 찾아보자.

1. 한반도에서는 맥을 못 추는 기마군단과 기마사술

몽골군의 그 놀라운 기동성과 기마사술이 한반도에 들어와서는 맥을 못 추었다. 몽골고원에서 카자흐스탄, 우즈베키스탄에 이르는 유라시아대륙을 가보면 그냥 끝도 없는 지평선이다. 몽골 병사 한 명이 평균 4~5마리의 말을 끌고 다녔고 몽골 말은 한번에 60킬로미터까지 질주할 수 있었다고 하니 타던 말이 지치면 다른 말로 갈아타고 하며 하루에 200~300킬로미터까지 진격할 수 있었다. 그러니 칭기즈칸의 아들 주치와 손자 바투가 몽골고원에서 서방 원정을 가는데 중간에 두세 번 싸워 이기면 어느새 헝가리, 폴란드에 다다른다.

드넓은 초원에 뜨문뜨문 떨어져 사는 유목민들이니 외적이 쳐들어온다고 하면 말 탄 병사들이 가깝게는 수십 킬로미터, 멀게는 수백 킬로미터에서 달려와 집결할 것이다. 그리고 영화에서 보듯이 두 군대가 신나게 한판 붙는다. 여기서 몽골군이 이기면 수천 킬로미터는 무주공산으로 거침없이 질주한다. 쉽게 말하면 한반도 정도의 거리를 단 한 번의 전투에서 이기면 그냥 앞으로 나가는 것이다.

그런데 한반도는 대부분이 산지에 질퍽한 논이 많아 말이 신나게 달릴 수 없었다. 오죽하면 미국이 6·25전쟁 전에 우리에게 탱크를 안 준 이유가 '한반도에는 논이 많아서 탱크가 굴러다니기 힘들다'는 것이었다.

2. 수성(守城)에 강한 한반도

압록강을 건너면 지형이 산지로 변할 뿐만 아니라 가는 곳마다 산성(山城)들이 늘어서 있었다. 고려 군사와 백성들은 산성에 들어가 농성을 했다. 성이 산 위에 있으니 공성기(攻城機)를 쓸 수도 없고 몽골 병사가 극히 꺼리는 몸싸움을 해야 했다. 말하자면 고려군은 공격에는 약해도 산성에 처박혀 활을 쏘는 수성에는 탁월했던 것이다. 귀주성을 공략한 뒤 칠순이 넘은 몽골의 한 장군은 "내가 수많은 전쟁을 겪었어도 이렇게 마지막까지 투항하지 않고 완강하게 싸우는 군민은 처음 본다"라고 감탄했다 (〈고려사〉, 권103).

역사적으로 제일 유명한 산성전은 당 태종의 30만 대군이 둘러싼 '안시성 전투'다. 고구려의 명장 양만춘 장군이 지키는 성을 5월부터 9월까지 5개월 동안 온갖 방법을 다 써서 공격했지만 요지부동이었다. 〈구당서〉를 보면 당나라 병사들은 고구려군이 성 안에서 쏘는 화살에 많은 피해를 입었다고 한다.

결국 당나라 군대는 안시성을 포기하고 퇴각하다가 성을 나와 추격한 고구려군에 무참히 짓밟혔다. 미련을 못 버린 당 태종은 그다음에도 여러 차례 고구려를 공격했으나 랴오둥성, 안시성을 넘지 못했다.

가파른 산 위에 성을 쌓고 버티니 천하 없는 기마군단도 뾰족한 수가 없었다. 오죽하면 1636년 12월 청 태종 홍타이지가 손수 군대를 이끌고 조선을 쳐들어와 남한산성으로 들어간 조선 왕을 그 막강한 병력 12만 대군으로 직접 공격하지 않고 그냥 첩첩으로 포위만 한 채 홍이포만 꽝꽝 쏘아대며 식량이 떨어지기만 기다렸겠는가.

원래 남한산성에는 반년 정도 버틸 수 있는 약 5만 석 정도의 군량미가 비축돼 있어야 했는데, 우리가 다 알다시피 썩을 대로 썩은 조선이라 이리저리 다 빼먹고 겨우 45일분의 군량미만 있었다고 한다. 정확히 인조는 45일 만에 산에서 내려왔으니 산성에 들어앉아 식량만 축내고 웅크리고 있다가 먹을 것이 떨어지자 항복한 것이다.

만약 그때 제정신 차리고 6개월 치의 군량미를 가지고 버티었다면 오늘날 우리는 지금과는 다른 병자호란의 역사를 공부하고 있을 것이다.

3. 활을 잘 쏘는 민족

역대 올림픽에서 우리나라의 젊은 양궁 선수들이 금메달을 쓸어오곤 했다. 그냥 열심히 훈련을 잘해서 그런 것만은 아니다. 조상 덕을 본 것이다. 우리의 핏속엔 활을 잘 쏘는 DNA가 있다.

우리 국궁(國弓)은 만궁(彎弓)으로 둥그렇게 두 번 휘었는데 몽골의 활보다 사거리가 길고 관통력도 뛰어났다. 이것의 좋은 역사적 사례가 강감찬 장군의 귀주대첩이다.

1019년 2월 1일, 26년간 지속된 두 앙숙, 고려와 거란이 격돌하는 전투가 귀주에서 벌어졌다. 서로 일정 거리에서 떨어져 활을 쏘는데 거란군이 쏜 활은 고려 진영에 도달하지 못했다. 그런데 고려군이 쏜 활은 거란 진영에 사정없이 날아든 것이다. 이렇듯 고려군은 거란 활의 사거리 밖이면서 고려 활의 사거리안인 '황금 거리'에서 유리하게 싸웠다.

더구나 우리는 활의 성능이 뛰어날 뿐만 아니라 고구려는 물론이고 고려, 조선 때 선조들이 모두 활을 아주 잘 쏘았다. 로마가 긴 창, 일본의 사무라이가 검이었다면 우리 선조들이 가장 잘 다룬 무기는 활이었다.

고려의 만궁은 60미터 정도가 유효사거리로 이 거리에선 성벽을 공격하는 적군의 어깨와 팔을 구별해 맞출 정도로 정확히 조준할 수 있다. 멀리는 200미터 이상 날아간다. 하지만 이 거리에서는 적을 똑바로 조준해서 맞히려고 하면 안 맞는다. 멀리 날아갈수록 화살의 힘이 빠지기 때문이다. 그래서 우리 선조들은 45도 각도로 하늘에 활을 쏘았다. 그러면 화살이 포물선을 그리며 100미터쯤 하늘 위로 올라갔다가 떨어지는 힘으로 적에게 꽂히는데 역학적으로 그 관통력은 직선으로 쏘는 것보다 훨씬 컸다. 그러니 어지간한 갑옷이나 방패 가지고는 막아내기가 힘들다. 서양의 활은 거의 직선인 직궁이고 여진족도 초기 수렵 채취 생활을 할 때는 직궁이었다. 일본의 아스카 역사박물관에 가니 6세기 당시 일본의 활도 직궁이었다.

우리 조상들이 이렇게 활을 잘 쏘니 당 태종이 안시성에서 고구려군이 쏜 화살에 맞았고, 2차 침공 때는 처인성에서 살리타가 김윤후의 화살에 맞아 전사하고 몽골군이 철수했다.

4. 몽골군은 왜 물을 무서워했을까

몽골의 1차 침공이 있던 1232년 여름(7월), 무신정권은 고종과 함께 강화도로 천도한다. 올림픽대로를 따라 쭉 가다가 김포공항을 지나 40여 분 가면 강화대교가 나오는데 건너편이 바로 강화도다. 김포반도에서 쳐다보면 바다 건너 강화도가 아니라 강건너 섬으로 보인다. 그래서 강화도와 김포반도 사이의 해협을 염하강이라고 부른다. 육지와의 폭도 그리 크지 않다. 강화대교가 겨우 700미터로 한강대교보다 짧다. 유라시아대륙을 제패한 몽골군이 한강 정도의 바다를 30년간 건너지 못한 것이다. 이해가 잘 되지 않는다. 지상에서 몽골의 기마군단은 천하무적이었다. 그런데 유독 물을 겁냈다. 여기서 말하는 물은 강물이나 바닷물뿐만 아니라 빗물까지도 포함된다.

13세기 초 칭기즈칸은 '대야사(Great Yassa)'라는 금령(禁令)을 공포했는데 그 내용의 일부를 훑어보자.

제4조. 물이나 재에 방뇨한 자는 사형에 처한다.

제5조. 천이 너덜너덜해지기 전에 옷을 빨아서는 안 된다.

제14조. 물에 손 담그는 것을 금한다. 물은 반드시 그릇으로 떠야 한다.

이 같은 칭기즈칸의 지시를 보면 뭔가 물에 대한 경외감, 두려움, 금기가 있다. 몽골 병사는 비 맞으며 싸우는 것을 꺼린다. 비를 겁내던 몽골군 이야기는 〈고려사〉에도 나온다.

"차라대(쟈릴타이)가 충주산성을 공격하자 갑자기 비바람이 거세게 불었다. 그러자 적이 포위망을 풀고 남쪽으로 퇴각했다 (1254년 9월 14일)."

이 지경이니 몽골군은 수전에 약할 수밖에 없었다. 오죽하면 1259년 9월 쿠빌라이가 장강(양쯔강)을 건너는 몽골 병사를 안심시키기 위해 '호부'라는 부적을 붙이게 했겠는가. 강에서 송나라 해군과 수전을 하는 것도 아니고 그냥 강만 건너는 것인데 몽골 병사들이 그렇게 두려워한 것이다. 몽골 병사의 물에 대한 공포심이 이 지경이니 700미터의 강화도 해협이 그들에게는 7킬로미터 정도로 느껴졌을 것이다. 염하강은 물살이 거세 요즘도 이곳을 항해하는 배들이 애를 많이 먹는다. 설사 겁먹은 몽골 병사들을 배에 태워 강화도를 침공하려 해도 고려 수군이 팔짱만 끼고 있을 리 없다. 또한 왕이 천도한 강화도에는 내성, 외성, 중성의 3중 방어 성곽이 있었다.

필자가 강화도에서 해병대 해안 방어 소대장으로 근무하던 시절, 한번은 경기관총(M60)을 설치할 장소를 찾았다. 기관총을 설치하려면 사격을 하기 위한 시계가 좋아야 했다. 즉, 해안의 높은 곳에 기관총이 설치되어 유사시 해안에 상륙하는 적을 향해 자유롭게 사격할 수 있어야 했다. 아무리 둘러보아도 마땅한 장소를 찾을 수 없었다. 그런데 우연히 해안가 언덕 위 외진 곳에 넝쿨로 뒤덮인 담장 같은 곳을 발견했다. 넝쿨을 제거해보니 고려 시대에 쌓은 성곽이 나왔다. 성벽 위에 활을 쏘던 컴퓨터 화면 크기의 총구가 있었다. 혹시나 하고 그곳에 기관총을 설치해보았다. 그리고 해안가를 보니 기관총을 쏘기에 완벽했다. '역시 우리 조상들의 성벽 축조기술은 놀라웠구나!' 하는 감탄이 절로 나왔다.

1871년 5월 16일 신미양요 때 강화도의 조선군과 미국 함대 사이에 한바탕 교전이 있었다. 한강 하구로 가기 위해 존 로저스(John Rodgers) 제독이 지휘하는 USS 콜로라도호, 알래스카호, 팔로스호 등 5척의 전함이 염하강으로 들어섰을 때 강화도 해안을 따라 설치된 포구에서 조선군의 대포가 불을 뿜었다. 당시 참전한 미군 장교의 기록에 의하면 미 함대를 향해 수천 발의 포탄이 날아와 하늘을 뒤덮었다고 한다.

"이 정도 포격이면 군함 몇 척은 가라앉겠구나."

미국 함대 지휘관들의 태산 같은 걱정이었다. 그런데 놀랍게도 미 전함들의 피해가 거의 없었다. 그들이 강화도에 상륙한 후에야 그 이유를 알았다. 조선군의 대포가 성벽 포구에 고정돼 있었던 것이다. 정말 어처구니없는 일이었다. 그 많은 대포가 미 전함을 향해 조준 사격을 하지 않고 포구가 고정된 대포를 무조건 허공에 쏘아댄 것이다. 고려 시대에 활을 쏠 때는 훌륭한 강화의 성벽이었다. 하지만 이 좋은 성벽을 몇백 년 후 대포 시대에 맞게 바꾸지 않아 무용지물로 만든 것이다. 만사에 이런 식으로 나라 지키기를 허술히 하다가 결국 일본에 나라를 빼앗겼다.

5. 우리 민족 특유의 저항정신

다음으로 유목민족이나 한족과는 다른 우리 민족 특유의 저항정신이다. 양과 말을 몰며 초지를 떠도는 유목민족은 강한 자가 나타나면 그 아래 복속한다. 한족도 외적과는 싸우지만 일단 패배하고 나면 순종한다. 원나라와 청나라 때 몽골족과 만주족의 지배에도 크게 저항하지 않고 순종했다. 이 점은 일본인들도 마찬가지다. 태평양전쟁 때 미국과 그렇게 사생결단으로 싸우다가도 일단 항복하고 나서는 '언제 그랬냐는 듯' 미국과 잘 지내고 있다.

그런데 역사적으로 우리 민족은 침입한 외적에 결코 패배를 인정하지 않고 끈질기게 저항했다. 지배계급만 저항한 것이 아니다. 항몽(抗蒙)이나 임진왜란 때 보면 알 수 있듯이 승려, 농민, 심지어 천인 계급까지 낫, 삽, 창을 들고 외세에 맞섰다. 보통 어느 사회나 학대받는 하층계급이나 천민계층이 외세를 환영하는 경향이 있다. 꼴 보기 싫은 지배계급이 외적에 당하는 것을 방관 내지 동조하는 것이다.

하지만 침략자에게는 아주 당혹스러운 상대가 되기도 한다. 서양에서도 약소국가가 외세에 끈질기게 저항해 나라를 구한 예가 있다. 바로 2차대전 때 소련의 침공을 막아낸 핀란드의 '겨울 전쟁'이다. 보잘것없는 핀란드가 국경을 넘어 침공한 50만 소련 대군과 치열한 격전을 치러 막대한 손실을 적에게 안겨주었다. 핀란드에 앞서 발트3국, 즉 오늘날의 라트비아, 에스토니아, 리투아니아를 가볍게 먹고 나치 독일과 폴란드를 나누어 먹은 소련은 조그만 나라 핀란드 정도는 가볍게 집어삼킬 줄 알았다. 핀란드 국민과 군대의 놀라운 저항정신에 놀란 소련은 막대한 병력 손실을 입은 채 결국 얼마 후 적당히 명분만 세우고는 스스로 철군했다.

스위스도 마찬가지다. 2차대전 때 나치 독일이 벨기에, 노르웨이, 네덜란드, 덴마크 같은 작은 나라는 무자비하게 집어삼켰다. '그런데 왜 스위스는 침략을 안 했을까?' '스위스가 영세 중립국이어서 그랬을까?' 이건 대답이 안 된다. 침략욕이 강한 나치 독일에 조약이나 국제관례는 아무런 의미가 없었다. 독소 불가침 조약도 헌신짝처럼 내던지고 소련을 침공하지 않았던가.

질문에 대한 답은 스위스의 완벽한 국가 방어체제 때문이었다. 인구는 적지만 유사시 전 국민이 총을 들고 싸울 준비가 돼 있고, 알프스라는 산악지형을 이용한 수많은 지하벙커 등 군사시설이 있었다. 나치 독일로서는 스위스 국경을 넘었다가는 엄청난 희생을 치르지 않을 수 없었다. 나라가 작고 약하다고 무조건 외적의 침입에 무릎을 꿇는 것은 아니다.

6. 한반도는 몽골의 주된 공격목표가 아니었다

고려의 장기간 항몽이 가능했던 것은 사실 한반도는 칭기즈칸 군대의 주된 공격목표가 아니었다. 고려의 항몽 기간은 1차 침공이 있은 1231년부터 8차 침공(1257년) 후 항복하고 1259년 강화도에서 나오기까지 약 30년이다. 이 기간 중 몽골은 1230년 7월부터 본격적으로 금나라를 공격하여 1234년 1월 멸망시켰다. 그리고 남송이 1279년까지 존재했으니 나머지 항몽 기간 중에도 몽골제국의 주된 전투장은 중원제국이었다. 쉽게 말하면 항몽 기간 30년 중 초기 4년은 금나라가 몽골의 주적이었고, 나머지 26년은 남쪽으로 도망간 남송이 주적이었다.

여진족이 세운 금나라가 강할 때 그들은 몽골인들을 철저히 학대하고 천시했다. 여기에 한이 맺힌 칭기즈칸은 언젠가 힘을 키우면 금나라에 꼭 복수하겠노라 칼을 갈고 있었다. 그는 대를 이은 오고타이에게 금을 꼭 멸하라고 신신당부했다. 몽골제국의 2대 칸이 된 오고타이는 즉위하자마자 금나라 공격에 총력을 기울였고 드디어 1394년 남송과 손을 잡고 금나라를 멸망시켰다.

당연히 몽골제국의 다음 목표는 풍요롭고 비옥한 땅을 가진 남송이었다. 우리는 송나라가 약체인 문민정부라고 배웠다. 하지만 남송은 150만 명의 병력을 가진 만만치 않은 상대였고 수군의 전투력은 대단했다.

따라서 몽골의 고려침공을 자세히 살펴보면 대규모 부대를 끌고 와 한반도를 초토화시키려는 것이 아니었다. 1225년 고종 12년 몽골 황제가 고려에 보낸 사신 저고여가 귀국하던 중 피살됐다. 이를 빌미로 1231년 살리타가 고려를 침공했다. 이때 살리타가 고려에 전한 메시지가 아주 흥미롭다.

"우리는 단지 고려의 항복만을 원한다. 항복한다면 우리는 떠날 것이다."

1231년 12월, 개경이 포위당하자 무신정권의 실권자인 최우가 몽골에 항복했다. 이에 몽골군은 다음 해(1232년) 1월 11일에 철군했다. 고려가 항복한 지 한 달 만에 군대가 철수했으니 몽골이 약속은 잘 지킨 셈이다.

7. 고려의 절묘한 입조 외교

망해가는 명을 따르고 청을 배척하다가 병자호란을 자초한 조선과 달리 고려는 몽골제국의 내분을 절묘히 활용했다. 1259년 강화도에서 나온 고종은 몽골에 입조하기 위해 세자 원종을 쓰촨성에서 남송과 싸우고 있던 몽케 칸에게 보냈다. 하지만 도중에 몽케 칸의 서거 소식을 듣고 원종은 선택의 기로에 서게 된다. '쿠빌라이를 찾아가느냐 아니면 아리크부카를 찾아가느냐?' 당시 쿠빌라이는 서거한 몽케 칸의 자리를 놓고 아리크부카와 치열한 쟁탈전을 벌이고 있었다.

  "30년간 저항하던 고려의 태자가 스스로 그 먼 길을 찾아와 나를 따르니 이는 '하늘의 뜻(天命)'이다(〈고려사〉, 권25)."

쿠빌라이가 자신의 진영을 찾아온 원종을 보고 기뻐서 한 말이다. 이 민감한 시점에 정적이 아닌 자신을 찾아온 것은 고려가 자신을 몽골제국의 새로운 칸으로 인정한다는 엄청난 행운의 징표였다. 5대 칸으로 즉위한 쿠빌라이는 고려의 국호와 왕실을 인정해주었다. 이것은 분명 엄청나게 파격적인 항복 조건이다.

고려·몽골관계 바로 읽기

"잔인한 몽골군의 침략을 30여 년간 우리 조상이 막아냈다. 왕과 무신정권은 강화도로 천도하고 육지에서는 관군과 백성이 힘을 합쳐 싸웠다. 결국 왕이 항복하고 육지로 나갔어도 삼별초는 난을 일으켜 제주까지 도망가며 끝까지 저항했다."

지금까지 아무런 비판의식 없이 배운 자랑스러운(!) 항몽의 역사다. 옛날이나 지금이나 국가의 가장 중요한 의무는 국방으로 외적이 쳐들어왔을 때 백성을 보호해야 한다. 백성은 육지에서 도륙당하게 내팽개치고 지배계급만 강화도로 도망간 것이 과연 잘한 일인가?

우리 역사는 전통적으로 천도를 긍정적으로 평가했다. 그런데 1970년대 이후 무신정권이 주도한 천도를 부정적으로 평가

하는 견해가 등장하기 시작했다. '최씨 무신정권이 항복하면 자신들의 권력 유지가 어렵다고 생각해 몽골군과의 적극적인 싸움을 회피하고 강화로 천도했다'는 비판 등이다.

백성을 진정으로 생각한 무신정권이었다면 육지에서 결사항전하여 몽골군을 물리쳤어야 했다. 힘으로 막을 자신이 없으면 몽골이 입조를 요구할 때 화친하여 백성을 보호했어야 했다. 이 점에 있어서는 차라리 한족 왕조의 한나라와 송나라가 우리보다 더 현명했다. 흉노, 거란이 강할 때 비단, 은, 공주를 보내 화친하며 어쨌든 백성을 보호하지 않았던가. 우리 역사는 몽골에 끌려가 천역(賤役)을 한 공녀의 비참함을 강조한다. 그런데 몽골의 역사를 보면 좀 다르다.

"몽골의 황금씨족 청년들은 모두 몽골리안 처녀와 결혼해야 한다."

신라의 성골같이 칭기즈칸 직계 순수 혈통인 '황금씨족'만은 같은 몽골리안 여인과 결혼해야 한다는 것이다. 그러니 이들이 장가가려면 몽골 초원 아니면 배우자를 위구르, 거란 그리고 고려에서 찾을 수밖에 없었다. 공녀로서 고초도 많았지만 몽골의 기록을 보면 고려 여인들의 상당수가 귀족의 부인이 되었고, 혜

종의 황후같이 몽골제국의 황후도 세 명이나 나왔다.

청나라 때도 마찬가지다. 누르하치의 황후와 후궁 15명 가운데 7명이 몽골 여인이었을 정도로 여진족과 몽골족의 혼인을 장려했다. 반면 몽골리안이 아닌 한족과의 결혼은 기피했다는 기록이 있다. 예를 들면 강희제는 만주족과 한족의 결혼 자체를 금지했다.

진짜 비참했던 것은 당나라에 노예 신분으로 끌려간 고구려의 지배계층이었다. 어쩌면 역사적으로 한족이 북방 몽골리안보다 우리에게 더 잔혹했는지도 모른다.

요즘 중화민족의 위대한 부흥을 꿈꾸는 중국은 칭기즈칸마저 '차이니즈(Chinese)'로 포장하고 있다. 이건 명백한 역사 왜곡이다. 몽골제국은 북방 몽골리안으로서 수억 명의 한족을 100여 년간 지배했다. 원나라의 4등급 신분제에서 남송의 한족은 최하위계층 취급을 받은 반면, 고려는 같은 북방 몽골리안 세계의 혈연국가로서 상당한 예우를 받았다. 한 번쯤은 되새겨볼 만한 역사의 아이러니다.

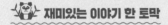

몽골 초원 이야기

몽골 초원에는 6월에 가야 한다. 푸른 초원에 온갖 야생화가 만발하고, 추운 겨울을 이겨내고 솟아오른 허브를 먹고 자란 양고기의 맛이 최고다. 서울에서 걱정하는 양고기 냄새도 전혀 없다. 평지에 풀들이 많은데 양 떼들이 험한 바위산 쪽에 올라가 풀을 뜯고 있는 모습을 보곤 '왜 그러냐?'고 현지인에게 물었다.

"초원의 풀이라고 맛이 다 똑같지 않아요. 평지의 풀보다 저 낭떠러지에 있는 허브들이 훨씬 더 맛있어요."

하기야 맞는 말이다. 인간에게도 밭에서 재배한 채소보다 산에서 캔 산나물이 훨씬 맛있지 않은가. 이 시기를 놓치고 한여름에 가면 양고기 맛이 덜 매력적인 것은 물론이고 하루살이 떼로 인해 엄청 고생한다.

끝없이 펼쳐진 초원을 포드 4륜 트럭 두 대 그리고 오토바이 두

대로 달리고 또 달렸다. 길이 따로 없다. 달리면 그게 길이다. 하루 종일 달려도 건물, 다리 같은 인간이 만든 구조물을 볼 수가 없다.

신나게 달리며 앞서가던 차가 진흙탕에 빠졌다. 달리는 차 속에서 보면 그냥 초원을 달리는 것 같은데 가끔 질퍽질퍽한 풀밭이 있는 것이다. 뒤따라가던 차가 밧줄을 연결해 빼내려고 했다. 앞차가 진흙탕에서 잘 안 나오니까 힘을 쓰던 뒤차의 바퀴 네 개가 헛돌기 시작했나. 그러고는 뒤차도 똑같이 진흙탕에 빠졌다. 사막과 같은 대초원에서 차 두 대가 모두 진흙탕에 처박힌 것이다. 오토바이기 견인차를 부르러 갔다. 일행은 초원에 모닥불을 피우고 가져간 와인을 실컷 마셨다.

종달새가 하늘을 향해 수직으로 치솟으며 노래를 불렀다. 초원에서 와인 마시는 재미도 꽤 괜찮았다. 견인차가 오는 데 무려 10시간이 걸렸다. 덕분에 몽골 초원에서 색다른 추억을 만들었지만 만약 오토바이가 없었다면 어땠을까? 한겨울에는 절대 차 한 대로 눈덮인 설원을 나가면 안 된다고 한다.

풀밭에서 양 떼가 풀을 뜯고 뜨문뜨문 하얀 게르 천막이 보이는데 딱 한 가지만 빼고 입는 옷에서부터 모든 것이 수백 년 전 칭기즈칸 시대와 똑같이 살고 있었다. 그 한 가지가 바로 게르 위에 있는 태양광 집적판이다. 이것으로 전기를 얻어 TV도 보고 휴대폰도 충전한다. 게르를 조립하는 데 1시간, 분해하는 데는 30분이면 된다. 그러니 가재도구를 소가 끄는 마차에 싣고 봄, 겨울 장소를 이

동하며 유목생활을 하는 것이다.

게르 한 채 값은 우리 돈으로 300만 원쯤 한다고 한다. 아들이 장가가면 옆에 게르 한 채 지어주고 며느리와 살라고 하면 된다. 우리나라에서는 아들이 장가가면 집 사주느라 부모 허리가 휘는데 몽골 부모는 단돈 300만 원에 이를 해결한다.

대략 300마리 정도의 가축을 키우면 중산층으로 자식들을 도시의 기숙학교에 보낼 수 있다. 그런데 재미있는 것은 꼭 양과 염소를 섞어 키운다. 양은 땅 위의 풀을 뜯는데 염소는 땅속의 풀뿌리를 먹는다. 서로 공생하는 건 좋은데 풀뿌리까지 먹어 치우는 염소가 사막화의 주범인 셈이다. 그러나 늑대가 공격하면 양은 꽁무니를 빼는 반면 염소는 겁도 없이 뿔을 가지고 무리 지어서 덤벼든다고 한다.

몽골 초원에 가면 사람의 배포가 커질 수밖에 없다. 도무지 가까이서 볼 일이 없다. 저 푸른 초원, 그리고 하늘에 수놓은 구름은 정말 멋지고 호쾌하다. 구름이 머리 위에 두둥실 떠 있는 것 같다.

하지만 누가 뭐라고 해도 몽골 초원의 극치는 밤하늘의 별이다. 저녁에 한잔하고 하늘을 보니 손만 뻗으면 별을 만질 수 있을 것 같았다. 아름다운 별에 취해 마시고 또 마시고 하다가 동녘 하늘에 해 뜨는 것을 보았다.

| 5장 |

정화와 고선지의
실크로드를
재현하려는
중국의 일대일로

동아프리카까지 조공체제를 구축한 정화의 대항해

역사적으로 중국은 해양대국이 될 기회가 딱 한 번 있었다. 15
세기 초 명나라 정화 제독의 대항해 때다. 1405년부터 1433년
까지 30년 가까이 동남아-쟈바-인도-아라비아 반도를 거쳐 동
아프리카 말린디(지금의 케냐), 몸바사에서 마다가스카르 인근의
잔지바르까지 일곱 차례나 항해를 했다(L. Levathes,《When China
Rules the Seas》, 1994). 아프리카 기린을 베이징으로 가져올 때는
신화에 나오는 '신성한 동물'이 나타났다고 해 천자가 맞이할
정도였다.

1412년 시작된 4차 항해 때 베이징의 자금성을 방문한 아프
리카 말린디의 통상사절단을 다음 항해 때 귀국시킬 정도로 대
명제국은 동남아, 인도양은 물론 아라비아반도와 동아프리카까

15세기 초 명나라 정화 제독이 대항해 당시 사용한 배(위)와 콜럼버스가 신대륙 탐험에 나설 때 사용한 캐러벨선의 크기를 비교할 수 있게 만든 모형. 두바이 이븐 바투타몰 전시품.

지 조공무역체제를 구축했다.

항해의 규모도 인도 항로를 발견한 바스코 다가마(Vasco Da Gama)나 크리스토퍼 콜럼버스와 비교가 되지 않았다. 다가마와 콜럼버스는 서너 척의 캐러벨(Caravel)선에 척당 30~40명의 선원을 태우고 바다로 나갔다. 인도 항로를 개발한 다가마의 함대도 4척에 총 170명이 타고 있었다. 그런데 보물선단(treasure fleet)이라 불리던 정화 함대는 1차 항해(1405~1407년) 때 무려 317여 척의 정크선에 2만 7,000명을 태우고 항해했다.

정크선은 800여 톤으로 50~100톤 규모의 캐러벨선과는 비교가 되지 않았다. 놀랍게도 당시 유럽 배에는 없던, 배 바닥에 구멍이 뚫려도 쉽게 침몰하지 않는 '격실'을 갖추고 있었다. 더욱이 180명의 군의관이 타고 있어 선원 150명당 한 명의 군의관이 있던 셈이다. 시중드는 하녀가 있었고 선내에서는 음악이 흘렀다 하니 그 모습은 흡사 '물 위를 움직이는 작은 궁전'이었다.

정화 함대 선박은 크게 세 종류다. 우선 함대의 주력인 보선(寶船), 전투함 그리고 수송선이다. 전투함에는 연대, 대대, 중대급 지휘관 300여 명이 타고 있었으니 적어도 수천 명의 병사가 있었던 셈이다. 단순한 해상전투력뿐만 아니라 막강한 지상전투력까지 보유해 마음만 먹으면 인도양이나 동남아의 어지간한 나라 몇 개 정도는 정복할 수 있었을 것이다. 나침반을 처음 발명한 중국인답게 15세기 초 당시로는 세계 최고의 항해술과 최대 규모의 선단으로 태평양과 인도양까지 아우르는 대항해를 한 것이다.

1498년 바스코 다가마가 희망봉을 돌아 동아프리카에 도착했을 때 예전부터 이 지역에 전설로 내려오는 '비단으로 만든 빨간 돛대를 단 중국의 함대' 이야기를 전해 들었다고 한다. 이에 비해 15세기 초 유럽의 항해는 베네치아 상인들이 노를 젓는 갤리선을 타고 내해(內海)인 지중해를 돌아다니는 정도였다. 그나마 유럽국가 중 항해술이 가장 뛰어나 좁은 지중해를 벗어나 대서양으로 나가려는 포르투갈의 선박도 지금의 사하라사막 서쪽의 '보자도르(Bojador)곶'을 넘지 못했다.

험한 조류와 암초 때문에 유럽 선원들이 세상의 끝 '마의 바다'라고 두려워한 보자

15세기 초 정화 제독과 포르투갈의 해양 진출

도르곶을 넘고자 포르투갈의 항해왕 헨리가 1423년부터 1433년까지 15차례나 탐험선을 보냈지만 모두 빈손으로 돌아왔다(다니엘 부어스틴, 《발견자들》, 1985).

해양굴기를 포기한 명나라의 해금정책

그런데 놀랍게도 1433년 7차 항해를 마지막으로 명나라는 해금(海禁)정책을 펼친다. 모든 대형 선박을 파괴하고 대항해 시대 유럽인들이 생명처럼 아끼던 '항해일지'까지 없앤다.

'왜 중국이 이런 어처구니없는 역사적 과오를 저질렀을까?' 어느 나라를 보건 대외정책의 큰 과오는 국내 정치세력 사이의 암투에서 비롯된다. 무슬림이기도 했던 정화는 영락제의 총애를 받은 환관이었다. 중국 역사를 볼 때 항상 환관세력과 유교 관료 세력 간의 갈등이 문제였다. 실속 없는 정화의 빈번한 항해가 국가 재정만 탕진한다고 유교 관료세력이 들고일어난 것이다.

사실 경제성이 바로 정화의 대항해에 있어 가장 큰 아킬레스 건이었다. 바이킹에서 시작해 포루투갈, 스페인, 대영제국에 이르기까지 바다로 나간 강한 해양세력이 한 일은 크게 세 가지다. 약탈, 정복 그리고 무역이다. 그런데 정화의 항해는 '대명제국의 위대함을 만천하에 알리는 것'이었다. 그래서 거래도 1대 1로 맞교환하는 무역이나 통상이 아니라 중국이 너그럽게 베푸는 조공무역이었다.

세계 역사를 되돌아볼 때 이렇게 대규모의 함대에 수천 명의 병사를 태우고 외국에 나타나 전쟁 임무가 아닌 평화 임무를 수행한 경우는 아마 정화의 대항해밖에 없을 것이다.

정화 제독의 대항해에는 또 다른 숨은 이유도 있었다. 영락제는 쿠데타로 조카 건문제를 몰아내고 권력을 탈취했다. 그런데 '건문제가 바다로 도망가 어딘가에 숨어서 권력을 되찾을 기회를 엿보고 있다'는 풍문이 영락제를 괴롭혔다. 그래서 유교 관료세력의 반발에도 불문하고 계속 정화를 밀어줬다. 그런데 영락제가 서거하고 북방 민족이 강성해지자 결국 1434년 중국은 스스로 '바다로 나가는 길'을 봉쇄해버렸다.

포르투갈 함대의 인도양 진출:
아시아 식민지 시대의 개막

공교롭게도 1434년 그해에 포르투갈 함대가 보자도르곶을 넘어 서부 아프리카로 내려갔다. 포르투갈의 헨리 왕자는 국토 최남단에 있는 사그레스(Sagres)에 그 당시 최고의 해양전진 기지를 만들었다. 이탈리아의 제노바와 베네치아, 독일, 스칸디나비아의 항해전문가는 물론 유태인, 무슬림, 심지어는 서아프리카 사람도 바다에 도움이 되는 전문가라면 다 끌어모았다. 바닷길을 개척하기 위해 가히 '코스모폴리탄 공동체(Cosmopolitan Community)'를 만든 셈이다. 그들로 하여금 각자 경험한 모든 항해기록, 항해지도를 상세히 작성하게 했다. 이렇게 함으로써 항해에 관한 엄청난 '노하우'가 체계적으로 축적된 것이다. 어처구니없이 정화의 항해기록을 없애버린 중국과는 너무나 대조적이다.

여기에 한 수 더해 헨리 왕자의 조선업자들이 맞바람을 받으며 원양 항해를 할 수 있는 획기적인 캐러벨선을 개발했다. 그 당시 지중해를 오가던 무역선은 '크면 클수록' 좋았다. 즉 화물을 많이 실으면 실을수록 큰 수익을 낼 수 있었다. 그래서 1450년대 베네치아 무역선은 600톤까지 나갔다. 그런데 미지의 바다에 도전해야 하는 탐험선은 달랐다. 얼마나 걸릴 줄 모르는 긴 항해를 견뎌 내야 했고 화물을 싣고 되돌아올 수 있어야 했다. 물론 필요하다면 강도 거슬러 올라갈 수 있어야 했다. 이 같은 까다로운 조건을 모두 충족시킨 배가 바로 캐러벨선이었다. 두세 개의 삼각돛을 달아 지금까지의 배와 달리 맞바람을 받으면서도 항해할 수 있었다. 이것은 해양사에 있어서 무척 획기적인 발명이었다.

포르투갈은 미지의 세계로 바닷길이 열렸지만 아프리카인에게는 짓밟히는 역사의 시작이었다. 보자도르곶을 돌파하고 서아프리카로 내려간 질 이아네스(Gil Eannes) 함장이 제일 처음 가져온 '상품'은 흑인 노예였다. 그때까지 '쓸데없이 돈만 퍼붓는다'라는 비난에 시달리던 헨리 왕자가 이 노예 상품 덕분에 훌륭한 항해왕으로 변신했다.

그런데 어처구니없는 일은 아프리카 노예사냥을 포르투갈인들이 직접한 것도 있지만 많은 경우 부족끼리 서로 싸워서 포로를 노예로 팔았다는 것이다. 예를 들어 카메룬에는 200여 개가 넘은 부족이 있었는데 포르투갈 노예 상인이 A부족에게 총을 주며 다른 부족을 잡아 오면 총을 더 주겠다고 했다. A부족은 총이 없는 B부족을 습격해 포르투갈 노예 상인에게 팔았다. 이를 본 C부족은 총을 가진 A부족에 잡혀 노예로 팔리지 않기 위해 D부족을 습격해 노예로 팔고 총으로 무장했다. 이런 식으로 서로 팔고 팔리고 해서 수 세기 동안 신대륙으로 끌려간 아프리카 노예는 2~3,000만 명이 될 것으로 추정한다. 다니엘 부어스틴(D. Boorstin)에 의하면 앙골라 한 나라에서만 17세기 중반까지 약 130만 명이 노예로 팔려갔다고 한다.

포르투갈 함대는 15세기 후반 드디어 희망봉을 넘어 동아프리카로 들어섰다. 서양의 역사는 1498년 다가마가 인도 항로를 발견했다고 한다. 하지만 다가마 함대가 실제 미지의 바다를 개척한 것은 아프리카 남단을 돌아 말린디까지 간 것이다. 동아프리카 말린디에서 인도까지는 거저 갔다. 뛰어난 아랍인 항해사의 안내로 23일 만에 아라비아해와 인도양을 가로질러 인도의 캘리컷에 도착한 것이다.

아프리카에 노예무역이 있었다면 서구제국주의에 짓밟히는 서글픈 아시아 식민지 시대는 바로 여기서부터 시작된다. 인도양에 들어선 포르투갈의 다가마 함대가 처음 한 일은 1502년 메카 순례를 마치고 귀향하던 무슬림 선박을 무자비하게 약탈한 것이었다. 당시 인도양의 제해권을 장악한 무슬림 함대를 1509년 격파하고 향료 집산지인 인도의 캘리컷을 시작으로 1511년에는 말라카까지 거침없이 식민지로 만들었다.

역사의 가정이지만 만약 명나라가 해금정책을 쓰지 않고 계속 해양대국으로 남아 있었다면 근세 동서양의 역사가 어떻게 바뀌었을까? 인도양을 지배하던 중국 함대가 유럽 식민 해양세력의 동양 진출을 동아프리카에서 막았을 것이다. 그러면 마다가스카르나 케냐의 말린디가 서양과 동양의 해양세력이 만나는 경계가 됐을지도 모른다.

실크로드의 고구려 유민, 고선지 장군

실크로드는 한나라 때 장건이 개척했지만 역사상 중국 군대가 제일 서쪽으로 간 곳은 지금의 우즈베키스탄 사마르칸트다.

8세기 말 고구려 유민인 고선지 장군이 당나라 군대를 이끌고 갔다. 당나라는 고구려를 멸망시킨 뒤 지배계층 3만 8,200가구, 약 20만 명을 지금의 간쑤성 일대와 윈난성으로 강제 이주시켰다(지배선, 《고선지 평전》, 2002). 평양에는 노약자, 병약자만 남겼다고 하니 고구려의 기상을 철저히 꺾어버린 것이다.

관노인 고구려 유민이 신분을 끌어올리는 유일한 길은 군인이 되는 것이었다. 당나라는 중국 역사에서 가장 개방적이던 제국으로 능력만 있으면 비한족인 외국인도 관직에 등용했다. 아버지 고사계 장군의 뒤를 이어 약관 20대에 유격 장군에 임명된 고선지 장군은 서역 정벌에 나서 혁혁한 전과를 세운다. 747년 파미르고원을 넘어 서역의 종주국 토번(지금의 티베트)을 정벌하고 750년에는 석국(지금의 우즈베키스탄 수도 타슈켄트)까지 복속시켰다. 사라센 세력에 기울던 실크로드의 수많은 왕국을 대당제국의 조공체계에 편입한 것이다.

당시 아라비아반도에서 일어나 빠르게 영역을 넓혀가던 사라센 세력은 638년 예루살렘, 644년 페르시아를 정복하고 실크로드를 따라 동진하다가 751년 7월 서진하던 고선지 장군과 지금의 사마르칸트 근처 탈라스에서 마주친다. 5일 동안 벌어진 대격전은 결국 사라센의 승리로 끝나 약 2만 명의 당나라 군인이 포로로 잡힌다. 이 포로 중에 제지공이 있어 794년 압바스 왕조의 수도 바그다드에 제지공장이 세워지고 수백 년이 흘러 유럽까지 제지술이 전파된다. 이 제지술이 1456년 구텐베르크의 인쇄술과 결합해 이때까지 양피지에 쓰여 소수의 특권계층만 독점하던 성경이 일반 대중에게도 보급된다.

만약 탈라스 전투에서 고선지 장군이 승리했다면 중앙아시아가 대당제국에 편입되고 제지술의 유럽 전파도 몇백 년 늦어졌을 것이다.

한국은 실크로드 국가들의 형제국가

우즈베키스탄에 있는 사마르칸트와 부하라는 모두 실크로드의 요충지로 한때 상당히 번창하던 왕국이다. 타슈켄트는 석국(石國)이라 불리고 사마르칸트는 강국(康國)이라 불렸는데, 그 유명한 꿩털 깃이 달린 모자를 쓴 고구려 사신의 벽화가 있는 곳이 사마르칸트의 아프라시압 박물관이다. 그리고 재미있는 사실은 중앙아시아 역사를 연구한 일본 학자 스기야마 마사아키에 의하면 '강(康)' 씨는 사마르카트, '안(安)' 씨는 부하라에서 유래했을지도 모른다는 것이다. 사마르칸트와 부하라에서 활동하던 소그드계 사람들이 '안' 또는 '알'이나 '캉' 등의 성을 사용했다는 것이 그 이유다.

고구려의 바보 온달이 사마르칸트에서 온 소그드인이라고 주장하는 국내 학자(한양대 이희수 교수)도 있다. 사마르칸트인과 한국인의 DNA를 비교해보니 거의 일치하더라는 것이다. 그런데 이를 학계에 정식으로 발표하여 인정받으려면 상당수의 두 나라 사람들의 DNA를 분석해야 하는데 엄청난 연구비가 드는 탓에 아직 못하고 있다는 것이다.

하여튼 확실한 것은 우리나라가 꼭 중국대륙뿐만 아니라 몽골 초원을 넘어 저 멀리 중앙아시아의 나라들과도 역사적 연결고리가 있다는 사실이다.

'중국몽' 실현을 위한 중국의 일대일로

대당제국과 몽골제국 때 가장 번창했던 실크로드는 유럽의 동
방항로 개척으로 그간 거의 잊힌 역사의 유물이 됐다.

2013년 가을 중앙아시아와 동남아를 순방하던 시진핑 주석
이 중국몽(中國夢) 실현을 위한 전략으로써 일대일로를 발표하면
서 다시 세계의 관심을 끌고 있다. 과거 찬란했던 정화 제독의
해상 실크로드(一路, One Road)와 고선지 장군의 육상 실크로드(一
帶, One Belt)의 꿈을 재현하기 위해 중앙아시아, 동남아, 아프리
가 국가의 인프라 건설을 적극적으로 지원하고 에너지, 경제협
력, 물류 네트워크를 구축하겠다는 것이다.

실크로드 경제벨트는 고선지 장군이 갔던 우즈베키스탄을 훨
씬 넘어 터키, 이탈리아까지 확장된다. 또한 21세기 해상 실크로
드는 정화 제독의 뱃길을 따라 케냐의 나이로비까지 연결되는
데 이를 통과하는 국가들과의 무역액은 7,938억 달러(2013년 기
준)로 중국 전체 무역액의 약 19퍼센트다.

일대일로를 지원하기 위해 2015년 12월 중국의 제창으로 아

중국의 육상 · 해상 실크로드 '일대일로'

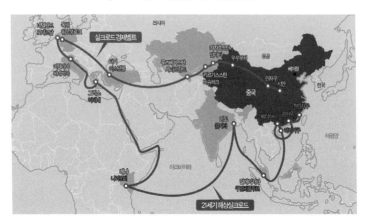

시아인프라투자은행(AIIB)을 창설했는데 '중국 주도의 개발 붐'
에 동참하기 위해 인도, 독일, 브라질 등 77개국이 앞다투어 가
입했다. 중국이 최대지주로서 아시아인프라투자은행 지분의
30.34퍼센트를 차지하고, 인도(8.52퍼센트), 러시아(6.66퍼센트) 등
역내국들이 나머지 지분의 74.77퍼센트를 차지했다. 25.23퍼센
트는 역외국 지분으로 독일(4.57퍼센트), 프랑스(3.44퍼센트) 그리고
남미의 브라질(3.24퍼센트)까지 참여했다. 미국과 일본만 빼고 전
세계 모든 국가가 거의 중국의 일대일로에 호응한 것이다.

이 정도면 대단한 흥행 성공이다. 미국이 주도하는 세계은행
(World Bank), 일본이 주도하는 아시아개발은행(ADB)과 어깨를
견줄 만하다. 여기에 고무되어 베이징은 '친성혜용(親誠惠容)'이

란 거창한 슬로건을 내세웠다. 2015년 3월 왕이 외교부장은 "일대일로는 개방과 협력의 산물이며 상호호혜와 투명성의 원칙에 바탕을 두고 주변국과 공동으로 건설하겠다"는 다짐을 했다. 미국이나 일본 기업과 같이 개발도상국 투자에 너무 주판을 튕기는 '이익공동체'가 아닌 중국을 정점으로 뭉치는 '운명공동체'를 추구하겠다는 것이다. 600여 년 전 정화 함대가 베푼 너그러운 조공무역체제를 떠오르게 하는 그럴듯한 구호다.

드러나는 일대일로의 허상

비단, 도자기를 주고 진주, 사파이어, 표범, 아라비아 말 등과 맞바꾸었지만 대명제국의 위대함을 과시하는 조공무역은 보통 상대가 바치는 조공의 1.5배 내지는 2배를 후하게 하사했다.

그런데 안타깝게도 같은 '차이나'지만 대명제국과 중화인민공화국은 좀 다른 것 같다. 초기의 거창하고 요란한 슬로건과 달리 일대일로의 수레바퀴가 굴러가다 보니 점점 문제점과 허상이 드러나는 것이다.

우선, 그간 상당한 일대일로 건설 붐이 있었지만 중국업체의 '독식'에 가깝다. 동남아나 중앙아시아 국가들이 일대일로 사업으로 항만이나 철도사업 계약을 중국과 하려면 묘한 함정들이 있다. 그중 하나는 금융거래를 중국 은행을 거쳐서 해야 한다는 것이다. 그렇게 하면 자연스럽게 사업 시공은 중국업체가 하게 된다. 설사 국제 입찰을 하더라도 중국업체의 저가 공세를 외국기업이 따라갈 수 없다. 그래서인지 일대일로 프로젝트의 국가별 수주 통계 자체가 오리무중이다.

한국은 미국의 만류에도 불구하고 '제2의 중동 붐'을 노리고 AIIB 창립회원(지분 3.81퍼센트)으로 가입했는데 너무 순진한 기대를 한 것 같다. 계약서에는 기자재, 장비, 기술 그리고 서비스의 절반 이상을 중국에서 공급한다는 독소조항이 반드시 들어간다. 장비나 기자재는 그렇다손 치더라도 노동 서비스, 즉 중국인 인력을 반드시 써야 한다는 것이 문제다.

예를 들어, 라오스와 중국 국경 간 철도 공사에 거의 중국인 노동자를 데려다 썼다. 라오스 노동자의 임금이 중국인보다 훨씬 싼 데도 자기 나라 땅에서 벌어지는 건설 공사에 적극적으로 참여하지 못하는 것이다. 물론 공사가 끝난 뒤에는 상당수의 중국인 근로자가 눌러앉아 현지 상권을 장악한다. 이는 중국이 아프리카에 건설지원을 하며 써먹던 전형적인 수법이다.

사실 AIIB의 상당수 프로젝트 파이낸싱은 아시아개발은행 (ADB) 등이 경제성 때문에 참여하기를 꺼린 것이다. 개발도상국이야 당장 중국이 돈을 빌려준다니까 항구, 철도를 건설하지만 경제성이 없으면 빚을 갚지 못하고 고스란히 국가채무가 된다.

미국 글로벌개발센터는 2018년 3월 이미 라오스, 파키스탄 등 23개국이 부채의 함정에 빠졌다고 보고했다. 특히 파키스탄은 북한과 함께 전 세계에 딱 두 나라밖에 없는 중국의 동맹국이다. 그래서 중국이 무려 620억 달러의 인프라건설 사업을 지원하겠다고 해 일대일로의 최대수혜국이라고 주변국들이 부러워했다. 그런데 일대일로 사업의 중간평가는 '부채의 덫'이었다. 2015년부터 약 20억 달러를 투입해 경전철을 건설하고 2018년 시험운행을 해보니 경제성이 없었다. 이를 이용할 승객이 적으니 적자 노선이고 가뜩이나 재정이 취약한 파키스탄 정부가 예산을 마냥 퍼부어야 하는 것이다. 수도 카라치와 북서부 페샤와르의 1,872킬로미터를 잇는 철도사업도 비슷한 신세다.

결국 2018년 8월 출범한 임란 칸 수상은 전임 정부가 산만하게 벌인 일대일로 사업에 칼을 빼들었다. 새 정부의 세이크 아흐마드 철도부 장관은 카라치-페샤와르 철도사업의 규모를 62억 달러에서 20억 달러로 축소하는 등 노력했지만 결국 파키스탄은 무리한 일대일로 사업 때문에 IMF에 구제금융을 신청하는 신세가 됐다. 이는 경제성을 무시하고 파키스탄을 위한 인프라 건설이 아니라, 중국을 위한 판에 어리석게 말려들었기 때문이다. 460억 달러 규모의 윈난성과 과다르항을 연결하는 '중국-파키스탄 경제회랑' 사업 또한 그 대표적인 예다. 간판이야 그럴 듯하지만 이는 유사시 미국이 말라카해협을 봉쇄할 것에 대비해 과다르항으로 송유관, 가스관을 연결해 중동의 에너지를 안정적으로 확보하려는 중국의 속셈으로 파키스탄이 아닌 자국의 이익을 위한 것이다.

"중국과 계속 좋은 관계를 갖길 원한다. 하지만 말레이시아에 이익이 되는 경우만 중국의 일대일로 투자를 환영한다."

2018년 재집권한 말레이시아의 마하티르 수상이 한 말이다. 그리고는 전임 나집 라작 수상이 벌인 220억 달러 규모의 동부해안철도 사업이 중국과의 불평등 계약이라며 폐기를 선언했다. 싱가포르의 리콴유 전 수상과 함께 아시아의 훌륭한 지도자로 꼽히는 마하티르는 역시 다르다!

또 다른 어처구니없는 사례는 라오스 비엔티엔과 중국 윈난성 쿤밍을 잇는 414킬로미터의 철도 공사다. 이 공사에 무려 58억 달러가 투입되는데, 이 돈은 라오스 국내총생산(GDP)의 40퍼센트에 해당한다. 이런 철도를 만들어봤자 라오스 사람과 상품이 중국으로 갈 일이 별로 없다. 결국 중국의 상인, 상품, 기업

그리고 근로자가 라오스로 쫓아 들어와 라오스의 경제 주권만 빼앗길 것이다. 즉, 중국의 전형적인 한화형 제국주의에 말려들게 된다.

과거 서구 식민세력이 동양을 파고들 때 제일 먼저 장악한 것이 항구다. 포르투갈의 캘리컷항, 영국의 홍콩항, 네덜란드의 바타비아항이 그 예다. 정복이나 식민의 야욕이 없던 정화 제독은 해외에 그 어떠한 거점도 만들지 않았다. 그런데 군사패권을 추구하는 일대일로의 은근한 야심은 해외 항만개발에서 드러난다. 중국은 스리랑카의 콜롬보항, 예멘의 아덴항, 탄자니아의 바가모요항 등 해외 항만개발, 기존 부두의 확장사업 등에 적극 관여하고 있는데 여기에 또 중요한 함정이 있다. 항만을 건설해주는 대신 항만의 관리와 운영권을 야금야금 장악해가는 것이다.

그 결과 스리랑카와 같이 주권(主權) 자산과 다름없는 항만 운영권을 중국에 넘겨주는 나라들이 나오고 있다. 스리랑카는 11억 2,000만 달러의 부채를 탕감하는 조건으로 함반토다항의 운영권을 중국에 넘겨주었다. 당연히 중국이 장악한 항만은 중국해군의 해외기지가 되는데, 2017년 동아프리카의 지부티항을 시작으로 캄보디아 타이만 부근의 림항 등도 비슷한 처지로 전락하고 있다.

해상과 육상 물류 네트워크 구축이라는 순수한 간판을 내걸고 출발한 일대일로가 시간이 갈수록 중국몽 실현을 위한 지역 패권전략으로 변질되고, 이는 당연히 미국의 '인도·태평양 구상'과 충돌하고 있다.

실크로드 상인과 도적의 기묘한 게임

몇 년 전 터키 이스탄불에 갔다가 실크로드를 오가던 상인과 도적 사이의 관계에 대한 재미있는 이야기를 들었다.

지금의 이스탄불인 콘스탄티노플에서 카라반(caravan, 낙타를 타고 멀리 교역을 하러 다니는 아랍 상인 행렬)이 실크로드 길을 떠날 때 보통은 낙타 100마리 이상에 짐을 싣고 이른 봄에 출발한다. 낙타 한 마리에 대개 400킬로그램의 짐을 실으니 한 카라반당 대개 40톤의 물건을 가지고 가는데 당시 유럽에서 중국으로 가던 물건은 유리 제품, 비누 등이었다.

8개월이 걸리는 길이니 9월쯤 타림분지까지는 카라반의 상인들이 사이좋게 간다. 실크로드의 종착지인 장안에서는 중국 상인들이 가을에 도착하는 카라반을 기다리고 있는데, 제일 먼저 도착하는 이스탄불의 상인들이 높은 가격에 물건을 팔 수 있었다. 그래서 장안이 가까워지면 어김없이 욕심을 부리는 일부 상인들이 있기 마련이었고 이들은 밤에 몰래 카라반을 빠져나와 호위무사 없이 샛길로 나가 길을 재촉하곤 했다.

그런데 재미있는 것은 그 샛길에서 그때쯤이면 항상 욕심을 부려 카라반을 이탈하는 상인의 무리가 있을 것을 알고 도적 떼가 나타난다는 것이다. 호위무사가 없으니 도적 떼가 덮치면 상인들은 속수무책이었다. 미리 기다리고 있다가 덮치는 것이다. 물론 가지고 있던 물건을 털리고 꼴이 말이 아니게 된다. 그런데 여기에 실크로드의 묘한 불문율이 있다.

첫째, 도적 떼가 절대 상인들을 죽이지 않는다.
둘째, 물건을 모두 털지 않고 일부만 뺏어 상인이 돌아갈 차비 정도는 남겨 놓는다.

그 이유는 간단하다. 도적 떼도 도둑질이 생업이다. 계속 그 샛길로 상인들이 와야 그들도 물건을 계속 털 수 있다. 상인들을 적당히 털고 보내야 그들이 다시 오고, 그래야 도적들도 먹고사는 것이다.

| 6장 |

화교가
뿌리 못 내린
'코리아'

번영하는 '차이나타운'이 없는 나라

"전 세계 어딜 가든 번영하는 '차이나타운'이 있기 마련인데, 딱 두 나라에만 없습니다. 바로 한국과 일본입니다."

중국 관리들과 이야기하다 보면 종종 듣는 말이다. 남미의 안데스 산맥이나 아프리카 오지의 소도시에 가더라도 '차이니즈 레스토랑' 간판이 한두 개는 꼭 있다. 물론 현지의 화교가 운영한다. 그런데 중국집을 화교가 아닌 현지인이 대부분 운영하는 나라는 아마 한국밖에 없을 것이다.

1960년 국내에는 약 2,400개의 중화요리점이 있었는데 화교가 거의 다(95퍼센트) 운영했고, 인천과 지금의 명동 중앙우체국 뒤편 금싸라기 땅에는 그럴듯한 '차이나타운'도 있었다.

우리나라에 사는 화교는 1882년 임오군란을 진압하기 위해 청나라 군대가 들어올 때 따라온 군역(軍役)상인, 즉 청상(淸商)의 후손들이다. 이들은 서민의 필수품인 석유, 성냥, 주단포목 등을 팔며 터전을 잡았다. 1882년 10월 청나라와 조선 사이에 체결된 '조청 상민 수륙 무역 장정(朝淸 商民 水陸 貿易 章程)'을 통해 본격적으로 상권을 넓혀갔다. 이 장정은 중국인의 조선 이주를 공식적으로 인정하고 그들이 개항장에서 거주 및 상업 활동을 할수 있도록 했다.

역사적으로 볼 때 조선 초기에는 상당한 외국인들이 한양에 있었다. 예를 들어 세종대왕 즉위식에도 무슬림이 참석한 기록이 있다. 그러나 그 이후 조선 정부가 철저히 외국인을 배척해 생활력 강한 화교가 조선 땅에서는 제대로 발을 붙이지 못했다.

1883년 166명에 불과하던 화교가 일제강점기인 1920년에는 2만 3,939명, 1930년에는 6만 7,794명 그리고 1944년에는 7만여 명으로 늘어났다. 《화교가 없는 나라》를 쓴 이정희 교수에 의하면 우리나라에 사는 화교의 대부분은 산둥성 출신인데 이들이 한반도로 이주한 배경은 다양하다.

첫째, 1920년대 초 조선 농부의 하루 임금은 산둥성보다 2.8배 높았다. 그래서 일제가 각종 공사나 광산 노동에 중국인 노동자, 즉 화공(華工)을 선호했다.

둘째, 세계 3대 채소 산지인 산둥성 출신의 화농(華農)들이 고추, 파, 마늘 농사를 지어 채소를 공급했다. 이정희 교수에 의하면 근대 조선은 채소를 자급자족하지 못해 일본에서 대량으로 수입했는데, 채소 공급 부족에 착안한 중국인 농부들이 도시 외곽에서 채소를 재배해 도시에 공급했다고 한다.

셋째, 화상(華商)의 이주는 조직적이었다. 한반도 화교 상점은 주로 본국의 자본으로 개설됐다. 말하자면 다국적 기업의 자회사 같은 것이다. 조선 최대의 화상인 동순태(同順泰)는 상해 동태호(同泰號)의 자본이 투입됐다. 또한 화교들은 중화요리점뿐만 아니라 화교양복점, 화교이발소 등도 운영했다(이정희, 《화교가 없는 나라》, 2018).

동남아는 이미 '리틀 차이나'

세계 어디에 데려다 놓아도 뿌리를 내리는 한족의 놀라운 생활력은 동남아에서 찾아볼 수 있다. 인도네시아의 자카르타에는 이미 1742년 화인공당(華人公堂)이 설립되어 화교 사회의 사무를 처리했다. 화인공당은 1772년부터 1978년까지 화교 사회의 기록을 남겼다.

현재 태국, 필리핀, 인도네시아 등 동남아에만 약 4,000만 명의 화교가 있다. 현지 인구의 10퍼센트인 이들이 동남아 경제의 3분의 2를 장악하고 있다. 인도네시아에서는 겨우 4퍼센트의 화교가 현지 경제의 80퍼센트 정도를, 필리핀에서는 1.3퍼센트가 60퍼센트를 차지한다.

싱가포르의 리콴유 전 수상, 필리핀의 글로리아 아로요 대통령 등도 모두 가계를 따져 보면 화교다. 말레이시아에서는 10대 부호 중 9명이 화교다. 인도네시아, 태국 등의 부호도 거의 화교들이다. 싱가포르는 아예 '리틀 차이나'로 인구의 77퍼센트가 화교다.

태국의 CP그룹 같이 제조업을 하는 화교 기업도 있지만 대부분은 부동산, 금융, 유통, 음식료 같은 서비스 업종에 종사한다. 유태인 뺨칠 정도의 상술을 가진 이들은 국가 기간산업보다는 '금방 돈 냄새가 나는 곳'인 비(非)제조업에 대한 투자를 선호한다. 이를 거꾸로 해석하면 현지 경제를 좌지우지하는 화교 자본이 동남아 국가의 산업화에 필요한 철강, 자동차, 반도체 같은 제조업에 대한 장기적 투자는 꺼리는 것이다. 우리나라가 한참 산업화를 할 때 '기업보국(企業報國)'이란 말이 있었다. 기업을 경영해 나라의 발전에 기여한다는 것이다. 그런데 동남아 화교에게는 좀 안된 이야기지만 기업보국의 정신이 없다.

동남아, 특히 인도네시아 같은 나라에 가서 협상할 때 주의해야 할 금기사항이 하나 있다. 절대 화교 이야기를 하면 안 된다. 동남아에는 경제적 지배자인 화교와 현지인 사이에 언제 터질 줄 모르는 휴화산 같은 '종족 갈등'이 잠재해 있다. 1995년에는 인도네시아에서 반(反)화교 폭동이 일어나 많은 화교가 희생되기도 했다.

인도네시아에서 100불짜리 지폐를 환전할 때면 재미있는 현상을 발견한다. 지갑에 한 번 접어 넣은 100불짜리는 환율을 10퍼센트 정도 불리하게 계산한다. 두 번 접은 100불짜리는 20퍼센트 정도 불리하다. 항상 불안함을 느끼는 화교들이 '여차하면 튀려고' 100불짜리 지폐를 금고에 보관하고 있는데 한 번 접은 지폐는 금고에 오래 보관하면 접힌 부분이 손상되기 때문에 환율을 낮게 계산하는 것이다.

말레이시아는 아예 화교로부터 현지인을 보호하기 위해 '부미푸트라정책(말레이계와 중국계 화교 간 빈부 격차를 줄이기 위해 1971년부터 시행하고 있는 말레이계 우대정책)'을 쓴다. 패권국가를 꿈꾸는 중국이 동남아 경제를 '위대한 중화경제권(Greater Chinese Economic Zone)'에 편입시키고자 하는 것도 또 하나의 불안요인이다. 동남아 국가들은 '혹시 현지 경제권을 장악한 화교들이 동남아 경제를 중국 경제에 종속시키려는 베이징의 야심을 위해 움직이지 않을까?' 하는 의구심을 많이 가지고 있다.

아프리카까지 잠식한 놀라운 중국인

풍부한 자원과 시장에 눈독을 들인 중국은 아프리카에 엄청난 돈을 개발원조로 쏟아붓고 있다. 하지만 중국식 개발원조에는 '독특한 함정'이 있다. 바로 한족의 이주다. 모잠비크에 무려 6,000만 달러를 투입한 호화 축구장을 무상으로 지어주며 중국인 노동자를 데려다 쓴다. 순진한 아프리카 정부는 중국인 노동자들이 공사가 끝나면 귀국할 줄 알았다. 세네갈에 축구장, 나이지리아에 철도, 모잠비크에 정부청사 같은 요란한 건축물들이 차이니즈에 의해 만들어졌다.

　문제는 공사가 끝나면 상당수가 현지에 슬며시 주저앉는다는 것이다. 현재 약 200만 명 정도의 중국인이 아프리카 곳곳에 퍼져 있는데, 특유의 강한 생활력을 지닌 한족은 우선 현지의 유통 조직부터 야금야금 장악해나간다. 예를 들어, 잠비아에만 10만 명의 화교가 노점에서 싸구려 옷가지를 파는 것부터 시작해 돼지, 닭까지 키워 아프리카인들과 충돌하고 있다. 이에 그치지 않고 세계 최대 구리 생산국인 이 나라 구리 광산의 80퍼센트를

2018년 9월 베이징에서 열린 '중국·아프리카 협력포럼'에서 중국 시진핑 국가주석(앞줄 가운데)과 이집트, 남아프리카공화국 등 아프리카 지도자들이 기념 사진을 찍는 모습(출처: 베이징AP연합뉴스).

소유하고 있다.

이 같은 현상을 두고 미국 컬럼비아대 하워드 프렌치 교수 같은 지역전문가는 '아프리카가 중국의 두 번째 대륙이 되고 있다'고 경고한다(하워드 프렌치, 《아프리카, 중국의 두 번째 대륙》, 2015).

"프랑스, 영국 같은 서구제국주의가 아프리카에 아무것도 안 주고 착취만 한 데 반해 중국은 공짜로 많은 인프라를 건설해 줬습니다. 그래서 처음에 아프리카 사람들은 중국인을 열렬히 환영했어요. 그런데 문제는 슬슬 자원개발에 눈독을 들이고 식당, 호텔, 상점, 심지어는 아프리카에 와서 농사까지 지어요. 과거 유럽인들은 고급 비즈니스만 해서 현지의 힐튼호텔 같은 고급 식당에서만 놀았어요. 그래서 나머지 허드렛일을 가지고 아프리카인들이 먹고살 수 있었어요. 그런데 지금의 중국인들은 다릅니다. 고급 비즈니스뿐만 아니라 거리의 노점상까지 해가며 말 그대로 싹쓸이를 해서 아프리카 서민들의 생활까지 위협해요. 현지인과 같은 집에서 살고 현지인과 똑같이 조악한 음식을 먹으며 생활하니 그것이 가능한 것입니다. 그래서 그런지 거리에서 현지 노점상들과 중국인들이 주먹다짐하는 걸 자주 봐요. 그리고 식당, 호텔을 하면서 현지인을 안 쓰고 꼭 중국인만 써요."

2017년 가을, 부산에서 열린 국제세미나에 참석한 코트디부아르와 잠비아에서 온 지식인으로부터 아프리카의 중국인에 대해 들은 이야기다. "그렇게 중국인들이 너무 많이 오면 아프리카인들이 반발하지 않나요?" 하고 물었다.

"이것은 양식 있는 아프리카 지도층이나 지식인들이 느끼는 것이지 일반 국민들은 잘 몰라요. 또 한 가지 특징은 과거 프랑스인들은 현지에서 한 일들을 적극적으로 홍보하고 아프리카인들의 눈에 띄는 행동을 많이 했어요. 그런데 중국인들은 절대 홍보하지 않고 철저히 낮은 자세(Low-profile)로 조용히 일합니다. 홍보나 생색보다는 실속과 실리를 챙기는 것 같습니다."

역시 중국답다. 앞서 한족이 신장 위구르 자치구에 진출해서 뿌리내리는 수법과 똑같다. 처음에는 건설병단을 보내 도와준 다고 한인들을 보내고, 그 후 현지에 주저앉게 한다. 그다음 현지 경제를 야금야금 파먹고 상권을 장악하는 것이다.

한반도에 뿌리 못 내리는 한족의 생활력

1976년 3만 2,000명이던 우리나라의 화교 인구는 급격히 줄고 있다. 거의 대부분이 미국, 캐나다, 대만, 중국으로 떠나갔다. 이 정희 교수에 의하면 동아프리카 마다가스카르에도 한국에서 온 화교가 운영하는 '차이니즈 레스토랑'이 있다고 한다.

청와대 근처에 화교가 운영하던 태흥반점이란 중국집이 있었다. 짜장면이 맛있어서 항상 손님이 북적거렸는데 캐나다로 이민을 간다고 했다. 그래서 어느 손님이 주인에게 물었다.

"이렇게 장사가 잘되는데 왜 외국으로 이민을 가나요?"

순간 화교 아주머니의 입에서 분노에 찬 말들이 속사포처럼 쏟아져 나왔다.

"짜장면값을 못 올리게 정부의 소비자물가지수를 계산할 때마다 꼭 짜장면, 짬뽕값을 연결시켜놓고, 화교는 토지 소유를 제한하여 그 좋은 부동산 경기 한번 못 타보고, 가게 평수 제한, 세금 차별 등등……."

할아버지 때부터 대대손손 한국 땅에서 살아왔는데 한국 정부가 어찌나 까다롭게 구는지 도무지 짜장면 장사만 해서는 돈을 모을 수가 없다는 것이다.

뉴욕이나 밴쿠버에 가면 영어로 'Chinese Restaurant'이라고 써 놓고, 한글로 '짜장면' '짬뽕'이라고 쓴 중국집을 가끔 본다. 이는 십중팔구 한국에서 온 화교가 운영하는 식당이다. 반가운 마음에 그 집에 들어가 '코리안'이라고 말하면 주인의 반응은 의외로 시큰둥하다. 많은 화교가 차별 때문에 등 떠밀려 한국 땅을 떠났다고 생각하기 때문이다.

1968년 외국인토지법을 개정해 화교의 영업용 점포 규모를 165평방미터제곱(50평)이 넘지 못하게 하고 토지 소유도 제한했다. 그 좋은 부동산 경기 한번 못 타게 했으니 짜장면만 팔아서는 한국에서 희망이 없었던 것이다. 사실 이 같은 외국인, 외국자본, 외국기업에 대한 우리 정부와 우리 사회의 차별은 화교에게만 있었던 것은 아니었다.

개발도상국이 산업화를 하는 데는 두 가지 전략이 있다. 그중 하나가 싱가포르나 라틴 국가들처럼 '다국적 기업 주도형 산업화'다. 외국인 투자를 받아들여 전자, 자동차 같은 산업을 일으키는 것이다. 이런 나라에서는 외국인, 외국기업에 대해 아주 우호적이다.

그런데 우리나라는 삼성, 현대 같은 '국내 대기업 중심의 산업화' 전략을 펼쳤다. 예를 들면 현대자동차의 엔진은 일본 미쓰비시, 디자인은 이탈리아 회사로부터 라이센싱 계약을 통해 기술을 사서 자동차 산업을 육성했다. 지금이야 삼성, LG의 TV가 세계적 수준이지만 1970~1980년대까지만 해도 철저히 외국기업의 TV 수입을 금지했다. 쉽게 말하면 정부나 일반 지식인들이 외국의 다국적기업을 잘못 불러들이면 산업 주권을 빼앗긴다고 생각한 것이다.

1997년 외환위기를 경험한 다음에야 이 같은 외국자본, 외국기업에 대해 아주 배타적이던 사회에서 개방적인 사회로 바뀌었다.

미국의 중국인 이민금지법

미국은 이민의 나라다. 그런데 미국 역사상 특정 인종을 겨냥해

19세기 후반부터 20세기 초반 미국에서 '중국인 이민 금지법'이 시행될 당시의 상황을 보여주는 삽화.

이민을 제한한 법이 딱 하나 있었다. 1882년 제정된 '중국인 이민금지법(Chinese Exclusion Act)'이다. 6년 간의 공사를 거쳐 1869년 완공된 미대륙횡단철도의 가장 어려운 공사 구간은 로키 산맥이었다. 해발 4,000미터가 넘는 높은 산과 깎아지른 듯한 절벽을 지나는 이 험난한 공사 구간에서 가장 땀을 많이 흘린 사람들은 센트럴 퍼시픽 철도회사가 중국서 데려온 7만 5,000명의 노동자, 일명 '쿨리(coolie, 苦力)'였다.

1850년대부터 1880년까지 무려 18만 8,000명의 중국인이 미국으로 몰려갔다. 특히 1870년 미대륙횡단철도 공사가 끝나 눌러앉은 중국인은 샌프란시스코 인구의 8퍼센트를 차지하며 현지 상권과 노동시장을 장악해갔다. 이에 놀란 미국이 중국인

이민을 금지시키는 입법을 하고 60년이 지난 1943년에야 이를 폐지했다. 만약 당시에 몰려오는 중국인을 그대로 방치했다면 지금쯤 캘리포니아는 '차이나포니아'가 됐을지도 모른다.

20세기 초 파나마운하를 만들 때도 미국은 중국인 쿨리를 대거 데려왔다. 황열병이 창궐하는 찌는 듯한 정글에서 근면한 중국인 노동자들은 참으로 열심히 일했다. 백인 노동자나 현지인 노동자보다 더 적게 먹고, 더 열악한 환경에서 자고, 더 위험한 공사에서 놀라운 인내심과 근면함으로 일했다. 공사 기간만 무려 35년이 걸려 1914년 8월 대망의 운하 개통식을 앞두고 곤란한 문제가 생겼다. 열악한 정글에서 헌신적으로 일한 중국인들이 미국으로 가고 싶어 했는데 당시 미국에서는 '반(反)중국인 이민' 분위기였다.

그런데 정말 엉뚱한 일이 벌어졌다. 운하 완공을 앞두고 그 많던 중국인 노동자들이 한꺼번에 사라진 것이다.

"운하가 완공되면 아메리칸이 차이니즈들을 쥐도 새도 모르게 없애버린다."

중국인 숙소에 이런 이상한 소문이 번진 것이다. 물론 이는 전혀 사실무근의 유언비어였다. 하지만 생사가 걸린 일인데 어디 우물쭈물하나. 사실 여부를 확인할 생각도 않고 거의 모든 중국인 노동자들이 바로 옆 나라들로 야반도주했다. 그래서 그런지 지금도 콜롬비아, 과테말라, 베네수엘라 등에 가면 유난히 차이니즈 레스토랑이 많다. 원체 생활력이 강한 한족이 미지의 중남미에서도 뿌리를 내린 것이다. 골치 아픈 '차이니즈' 문제를 일거에 해결한 이 유언비어를 누가 퍼트렸는지는 아직도 오리무중이다

현지국의 화교정책에 대한 정답은 없다. 자본과 노동력이 자유롭게 국경을 넘나드는 글로벌경제 시대에 보다 개방적으로 외국인력을 우리 사회에 포용해야 한다. 하지만 놀라운 상술을 지닌 중국인 물결을 방치하다 경제 주권을 빼앗긴 동남아 국가나 제2의 중국이 되어 간다는 아프리카의 현실을 보면 화교정책에 관한 한 문제 인식이 단순하지만은 않다. 더욱이 전 세계 모든 나라 사람들을 자유롭게 받아들인 미국조차도 '차이니즈' 만은 경계했다는 것은 우리에게 의미 있는 암시를 던진다.

모하비 사막의 중국집

로스앤젤레스에서 대륙을 횡단하는 40번 프리웨이를 타고 한 시간을 달리면 주변 풍경이 싹 바뀐다. 야자수 그늘에 옹기종기 모여 있는 캘리포니아 특유의 집들이 사라지고 삭막한 황무지가 펼쳐진다. 바로 모하비 사막에 들어서는 것이다.

해발 2,000미터의 고지대 사막으로 한여름에 들어서면 피부를 찌르는 듯한 강렬한 태양 아래 기온이 50도까지 치솟는다. 혼자 여행할 때는 반드시 차 트렁크에 비상용 생수를 한 상자쯤 싣고 가야 한다. 한참 달리다 보면 이 같은 사막 지역에도 띄엄띄엄 흩어져 있는 집들이 보인다. 대개 우리가 즐겨 먹는 피스타치오 농장이다. 태양이 강하고 낮과 밤의 기온 차가 심하니 맛있는 피스타치오를 재배하기에 적격이다. 물론 물은 지하수를 빼내어 쓴다.

그곳에서 다시 한 시간 정도를 더 가면 서부영화에 나오는 곳 같은 루선밸리(Lucerne Valley)에 들어선다. 사막을 횡단하는 여행객들에게 오아시스 같은 휴식을 제공하는 곳이다. 기름을 넣기 위한 개

모하비 사막에서 중국집을 운영하는 찰리 류와 함께.

스 스테이션이 있고 간단한 차량 수리를 위한 정비소, 세븐일레븐 편의점, 여행자의 끼니를 때울 수 있는 샌드위치 가게 등이 있다.

그러나 정작 이곳을 지나는 사람들이 즐겨 찾는 곳은 '차이나 하우스 레스토랑'이라는 이름의 조그만 중국집이다. 열 개 정도의 작은 테이블이 있는 조촐한 식당으로 주인은 50대 중반의 '찰리 류'인데 그의 할아버지 때부터 이곳에서 중국 음식을 팔고 있다고 한다.

황량한 모하비 사막에서도 뿌리를 내리고 중국집을 하듯이, 세계에서 한족처럼 생활력 강한 민족이 없다. 세상 어디에 데려다 놓아도 특유의 인내심과 근면, 그리고 놀라운 적응력으로 그 땅에 뿌리를 내린다. 이 모하비 사막뿐만 아니라 해발 4,000미터의 안데스 산맥, 아프리카 정글 속에서도 중국인들은 차이니즈 레스토랑을 차려 살아가고 있다.

그런데 이 중국집 옆에 중국집 뺨치는 샌드위치 가게가 하나 있다. 간판은 정말 엉성하게 '조스 샌드위치'라고 붙어 있다. 미국에 흔한 이름인 Joe's가 아니라 우리나라 성씨인 Cho's 샌드위치 가게로 우리 교포가 하는 가게다. 그 외진 모하비 사막에서 정말 오래전부터 억세게 비즈니스를 잘하고 있다고 한다. 한국인의 끈기도 중국인에 결코 뒤지지 않는다.

| 7장 |

붉은 중국의
역사 왜곡

6·25침략을 항미원조로 왜곡하는 중국

"항미원조(抗米援朝) 전쟁에서 승리한 상감령 전투 때처럼 미국에 맞서겠다."

2019년 6월, 미국의 제재로 궁지에 몰린 화웨이의 런정페이 회장이 격분해 내뱉은 말이다.

"미 제국주의자의 침략에 항거하고 북조선을 도운 정의로운 항미원조 전쟁에서 승리해 국위를 떨쳤다."

2017년 8월, 인민해방군 건군 90주년 행사에서 시진핑 주석이 한 격려사이다.

2019년 6월, 평양을 방문한 시진핑 주석은 북침설을 다시 주장하며 "북한이 침략을 방어하는 과정에서 중국 인민지원군이 치른 용감한 희생을 영원히 기억하겠다"고 말했다.

중국몽을 경제적으로 실현시키기 위해 최일선에서 뛰는 화웨이 최고경영자와 강군몽(強軍夢)을 꿈꾸는 시 주석의 놀라운 역사 인식이다. 두 사람 모두 중공군이 한반도에 들어온 것이 침략자 미군과 맞서 싸운 '정의로운 전쟁'이고 '승리한 전쟁'이라는 것이다. 정치지도자인 시 주석이야 그렇다손 치더라도 글로벌기업으로 성장한 화웨이의 최고경영자가 그런 말을 한 것은 도저히 이해가 안 된다. 어찌 보면 겉은 자유무역과 시장경제의 덕으로 기업을 키워나가지만 속은 공산주의 사상과 중국 우월주의로 철저히 무장하고 있는 것 같다. 이런 면에서 트럼프 대통령이 화웨이를 후려치는 것이 상당히 이해된다.

이들의 말은 사실과 전혀 다르다. 그렇다면 이 두 사람은 정치적 목적을 위해 뻔뻔스럽게 거짓말을 한 것일까?' 그렇지 않다. 공산당 체제하에 크고 자란 이들은 6·25전쟁에 대해 그렇게 교육받고 세뇌되었기에 역사적 진실을 말한다고 확신하고 있다.

중화사상에 뿌리를 둔 '중국예외주의'

이 같은 잘못은 중국공산당의 역사 왜곡 때문이기도 하지만 미국 하버드대 앨러스태어 존스턴(Alastair Johnston) 교수가 지적했듯이 '중국예외주의(Chinese Exceptionalism)' 탓이 크다(하버드대 중국 특강, 〈중국예외주의가 국제사회에 미칠 영향〉, The China Questions, 2018). 존스턴 교수의 말을 요약하면 중국사회의 뿌리 깊은 믿음은 '중국인은 평화를 사랑하는 민족'이라는 것이다. 역사적으로 이를 입증하기 위해 손자병법의 '싸우지 않고 이기는 것이 최고의 전술'이란 말을 인용한다.

지난 10여 년간 〈인민일보〉는 중국의 독특한 '평화 문화'를 그 어느 때보다 강조하고 있다. 시진핑 주석도 "천성적으로 평화를 사랑하는 중국인의 핏속에는 남을 침략하는 유전자가 없다"는 과장된 표현까지 했다. 이 같은 생각은 천하를 문명세계인 '중원'과 끊임없이 중국을 침략한 '비문명의 오랑캐'로 이분하는 중화사상에 뿌리를 둔다. 즉 중원은 평화를 사랑하는 절대선(絕對善)이고 비문명은 전쟁을 일삼는 절대악(絕對惡)인 셈이다. 그런데 존스턴 교수에 의하면 이는 국제사회에서 두 가지 문제를 유발한다.

첫째, 사회심리학·정치학·사회학 등의 다양한 분야에서 나온 연구를 보면 어느 나라가 자국예외주의에 빠지면 자신이 속한 집단을 우호적으로 보는 '내집단 편향'과 외부집단에 대해 부정적 편견을 가지는 '외집단 편향'이 생긴다고 한다. 중국인 스스로 이 같은 자국예외주의의 함정에 빠지면 빠질수록 외국인을 기본적으로 열등한 존재인 동시에 위협적인 존재로 인식한다.

2015년 중국 베이징대학의 현대중국연구소에서 실시한 조사에 따르면 '중국인이 평화를 사랑한다는 믿음과 중국의 강경한 외교 노선 사이에는 밀접한 관계가 있다고 한다. 무작위로 추출한 중국인 2,600명 중에서 중국인이 매우 평화적이라고 생각하는 사람은

- 미국과 일본을 우호적으로 보는 수준이 아주 낮았다. 즉 두 나라를 호전적이라고 보는 것이다.
- 미국이 중국의 부상을 부당하게 저지하려 한다고 믿는다.
- 그래서 중국이 더욱 강경한 대외정책을 펼치고 군사력을 강화해야 한다고 생각한다.

그런데 2015년 한 언론 매체의 조사에 의하면 미국, 일본, 유럽 등 선진국 국민의 응답자 가운데 중국인이 평화적이고 협력적이며 책임감 있는 강대국이라고 생각한 사람은 8퍼센트에 불

과했다(하버드대 중국 특강, 〈중국예외주의가 국제사회에 미칠 영향〉, The China Questions, 2018).

둘째, 중국예외주의는 중국공산당 통치의 정당성을 강화하는 수단으로 활용된다. 2013년 4월 공산당 중앙공무실 제9호 문서는 시민사회, 입헌정치 등과 같은 7대 금기사항의 하나로 공산당이 만든 역사를 비판하는 '역사 니힐리즘(Nihilism)'을 들고, 이를 금지했다. 말하자면 중국은 역사 왜곡에 아주 익숙하다. 그래서 붉은 중국이 외국과 충돌할 경우 이는 외국이 먼저 시작한 일이고 중국은 전혀 잘못이 없다는 뻔뻔스런 주장으로 이어진다. 항미원조 전쟁은 물론이고 이 같은 오류가 초래한 또 하나의 전쟁이 중국의 베트남 침공이다.

1974년 중국의 파라셀군도 무력 점령 이후 중국과 베트남 관계는 급격히 악화됐다. 구소련과 중국 간 국경분쟁에서 베트남이 소련 편을 들고 친중 국가인 캄보디아를 침공했다. 헨리 키신저가 회고록(《On China》)에서 밝혔듯이 중국은 베트남이 캄보디아뿐만 아니라 라오스까지 점령해 '인도차이나 연맹(Indochina Federation)'을 결성하려 한다고 우려했다.

이런저런 이유로 중국은 1979년 20만 병력으로 베트남을 침공했다. 침공 전 미국을 방문한 덩샤오핑은 커터 대통령에게

"조그만 나라가 버릇없이 굴어 교훈을 주려고 자위적 반격을 하겠다"라고 말했다. 이같이 중국예외주의의 함정에 빠진 베이징 지도자 말에는 남의 나라 침략에 대한 죄의식이 전혀 없다.

중국에서 역사 기술은 공산당의 철저한 심사를 거치며 통치의 정당성을 뒷받침하는 것만이 허용된다. 또한 공산당이 한 일에 대한 비판적 평가는 용인되지 않는다(《Why China Never Be Great》, K. Lacroix & D. Marriot, 2010). 그러니 공산당이 벌인 전쟁은 모두 정의로운 것이고 항상 승리한다.

중국과 베트남이 27일간 싸웠는데 사실은 중국의 창피한 패배였다. 중국 정규군이 베트남 북부 국경을 침공할 때 베트남 정규군은 모두 캄보디아에 가 있었다. 따라서 중국군과 맞서 싸운 것은 베트남 민병대였다. 우리나라 예비군 같은 정규군이 아니기에 변변한 대전차포도 없고 무기도 아주 열악했다. 그런데 탱크까지 몰고 간 중국의 정규군이 베트남보다 더 큰 전사자를 내고도 수도 하노이 근처에는 가보지도 못하고 북부 산악지대에서 맴돌다가 스스로 철군했다.

과장된 마오쩌둥의 항일운동

중국의 국영방송에서 마오쩌둥의 항일운동에 대한 영화가 연일 쏟아져 방영되고 매년 9월 3일 톈안먼 광장에서 전승절 행사를 요란하게 한다. 대부분 영화의 스토리는 아주 단순하다. 마오가 이끄는 항일공산군이 영웅적으로 일본군을 무찌르고 승리한다. 그래서 오늘날 모든 중국 인민들은 일제와 항거한 주역은 마오가 이끈 공산군이고, 장제스의 국민군은 항일을 기피한 매국노라고 생각한다. 이것 또한 엄청난 역사 왜곡이다. 역사적 사실은 정반대다. 일본군과 치열한 전쟁을 한 군대는 장제스의 국민군이었다.

1930년대 중국대륙의 정치·군사적 상황은 아주 복잡했다. 우선 손문의 중화민국 정통성을 계승한 장제스가 이끄는 국부군이 남부지역을 장악하고 세력을 북으로 확산하고 있었다. 전통적으로 북만주, 즉 만주지역에는 군벌세력이 거의 준(準)국가 형태로 권력을 장악하고 있었는데 대표적인 것이 장쉐량(張學良) 군벌이었다. 일찍부터 만주를 침략한 일본군이 1931년 만주사변을 일으켜 중국의 북부를 본격적으로 침략하고 있었다.

제일 마지막이 중국공산당 무장세력이다. 1927년 창군된 중국공산군, 즉 홍군(紅軍)의 군사력을 바탕으로 야금야금 세력을 확산해 1930년대 초에는 장시 소비에트 등 10여 곳에 소비에트, 즉 공산해방구를 만들었다. 하지만 그 군사력은 10~20만 명 정도로 수백만 명을 가진 국부군과 비교가 되지 않았다.

공산당 토벌을 우선시한 장제스

외적과 국내 반(反)국부군 세력 등이 혼합된 이런 복잡한 싱청에서 장제스는 외적과 싸우는 항일보다 공산당 토벌에 우선순위를 둔다. 당장 옆 나라 러시아를 보면 1차대전 때 독일과 싸우는 와중에 일어난 공산 볼셰비키 혁명을 진압하지 못해 결국 나라를 공산당에 빼앗겼다. 또한 그가 이런 선택을 한데는 나름의 역사적 근거가 있었다.

미국 하버드대 위화 왕(Yuhua Wang) 교수에 의하면 진나라(B.C. 221~206)에서 청나라가 멸망한 1911년까지 중국에는 총 49개 왕조에 282명의 황제나 왕이 있었다. 그런데 282명 중 자연스레 권좌에서 물러난 황제는 절반밖에 안 된다. 나머지는 모두 내란, 퇴위 강요, 독살 등 '내부 반란'으로 폐위됐다. 외적의 침략 때문에 권좌에서 물러난 것은 단 7명뿐이다. 따라서 중국의 역대 지도자들은 권력을 가장 크게 위협하는 것은 외적이 아니라 내부 반란 세력이라고 생각했다.

"반란이나 역적에게 권력을 빼앗길 바에야 차라리 외적에게
나라를 내주겠다."

이것의 좋은 역사적 사례가 당나라 때 있었던 안녹산의 난이
다. 안녹산군의 공격으로 왕도 시안이 풍전등화와 같을 때 다급
한 당 현종은 위구르에 지원을 요청했다. 당나라 시대 위구르는
지금의 위구르와 다르다. 서역 실크로드를 장악한 강국으로 한
때 시안을 점령한 적이 있을 정도로 당과는 대치 관계에 있는
경쟁국이자 적대국이었다.

당 현종은 엄청난 리스크를 무릅쓰고 위구르군을 불러들여
반란군을 진압하는 데 성공했다. 그 후 당나라는 위구르군의 위
세에 눌려 엄청난 수모를 당했지만 결국 위구르군도 물러갔다.
반군에게 지면 왕좌를 빼앗기지만 외적은 참고 때를 기다리면
퇴치가 가능해지거나 아니면 스스로 제풀에 물러난다.

이 같은 배경에서 1930년 12월부터 장제스는 대대적인 공산
당 토벌작전을 벌인다. 1933년 11월에 시작된 5차 토벌에서는
거의 100만 명을 동원해 압박을 가하자 1934년 10월 공산당은
잠시 소비에트를 포기하고 1935년 10월까지 산시성 옌안까지

9,600킬로미터를 걷는 대장정을 시작한다. 역사 기록이 엇갈리지만 잠시 소비에트를 떠날 때 20만 명이 넘던 홍군이 목적지에 도착했을 때는 몇 만 명 정도밖에 안 되었다고 한다. 장제스가 조금만 더 밀어붙이면 공산당은 궤멸이었다.

중국공산당을 살린 시안사변

만약 그랬다면 현대 중국의 역사가 완전히 바뀌었을 것이다. 그런데 엉뚱하게 1936년 12월 12일 시안(西安)사변이 일어난다. 독전(督戰)을 위해 시안에 간 장제스를 부하 장쉐량이 구금한 것이다. 장쉐량은 만주군벌로 자기 지역을 침공한 일본군과 싸우고 싶은데 장제스가 머나먼 서쪽으로 보내 공산당을 토벌하도록 해 불만이 폭발한 것이다.

공산당이 이 절호의 기회를 놓칠 리 없었다. 저우언라이가 중간에 끼어들고 결국 다음 해인 1937년부터 1945년까지 2차 국공합작이 시작됐다. 명분은 국민당과 공산당이 같이 손을 잡고 항일을 하자는 것이지만 속마음은 오월동주(吳越同舟)였다.

이 국공합작으로 궤멸 직전의 홍군은 국민당으로부터 군비(軍費), 급료, 장비를 공급받고 귀중한 군사정보까지 챙긴다. 장제스는 마오에게 매월 30만 원 정도를 군비로 주었는데 당시 상하이 노동자의 월급이 12~18원 수준이었던 것을 고려하면 상당한 돈이었다. 그리고 허베이, 허난, 산둥성을 시작으로 차근차근 거점을 확보해나갔다.

중국의 기록에는 절대 있을 수 없지만 일본, 미국 등의 외부 기록에 의하면 마오쩌둥이 국공합작을 항일보다는 공산당 세력의 확산 기회로 삼았다고 말한다.

"국공합작이 있었지만 마오의 전략 지시에 따라 1938년 홍군과 일본군 사이에는 거의 접전이 없었고 공산당은 병력과 지역적 기반을 엄청나게 키울 수 있었다."

미국 하버드대 페어뱅크 동아시아 연구센터의 벤저민 양(Benjamin Yang)이 써서 국내에 널리 알려진 《덩샤오핑 평전》에 나오는 말이다.

"중일전쟁은 공산당의 발전을 위한 절호의 기회다. 우리가 결정하는 정책 가운데 70퍼센트는 우리 당의 발전을 위해 사용하고, 20퍼센트는 국민당과의 타협을 위해 사용하고, 나머지 10퍼센트는 항일작전에 사용한다."

1940년 마오가 팔로군 간부들을 모아 놓고 한 지시다. 물론 이 자료는 중국대륙이 아닌 해외에서 1977년에 발행된 메이량메이(梅良眉)의 저서《대일 항전시기 중공통전책략지연구(對日 抗戰時期 中共統戰策略之研究, 正中文庫)》에 기록되어 있다.

이런 역사적 사실 때문인지 중화인민공화국을 세우고도 마오는 '항일 승전' 같은 요란한 행사를 하지 않았다. 대장정에 참여하고 홍군와 야전군을 지휘한 덩샤오핑두 마차가지다. 오늘날 요란을 떠는 전승절 행사는 장쩌민 때부터 시작됐고 날이 갈수록 열기를 더해 시진핑 주석 때 대대적인 국제행사로 승격됐다.

역사를 복기해보면 장제스의 판단이 옳았다. 1945년 일본 천황이 항복 선언문을 읽을 때 중국대륙에는 거의 200만 명의 일본인이 건재했다. 광기의 일본제국을 멸망시킨 것은 장제스도 마오도 아닌 '아메리카'였다.

중공군과 싸운 6·25전쟁

1949년 스탈린과 김일성이 남침 계획을 세울 때 마오쩌둥은 관심이 없었다. 오랜 국공내전을 종식시키고 이제 막 중화인민공화국을 건국해 남의 나라와 전쟁할 처지가 아니었다. 더욱이 아직도 남쪽에선 장제스군의 잔당들이 활동하고 있었다. 그런데 '미군이 철수해 거의 무방비 상태인 남조선을 막강한 소련제 T34 탱크로 밀어붙여 보름 만에 통일하겠다'는 김일성의 호언장담에 마오의 귀가 솔깃해졌다. 이에 1949년 7월부터 1950년 1월 사이에 중국공산당 팔로군에 속해 있던 조선의용군 3개 사단 병력 약 6만 명을 '군편제' 그대로 북한에 주었다. 즉 그들이 가지고 있던 무기와 지휘체계를 그대로 갖고 소속만 중공군에서 북한군으로 바뀐 것이다. 전투 경험이 많은 이 3개 사단이 주력이 되어 우리의 주 방어선을 뚫고 사흘 만에 서울을 점령했다.

우리는 학교에서 '소련제 탱크를 앞세운 북한괴뢰군이 1950년 6월 25일 새벽 불법 남침했다'라고 배웠다. 하지만 정확히 말하면 서울은 김일성 군대가 아닌 마오쩌둥 군대에 의해 함락됐다. 중국 자료에 의하면 연인원 120만 명 정도가 압록강을 건넜다가 20만 명이 되돌아가지 못했다. 그런데 이들 중 상당수가 국군이나 미군의 총에 맞은 것이 아니라 추운 겨울 내복이나 식량을 제대로 지급하지 않아 동사하고 아사했다는 것이다. 심한 경우 영하 30도 추위에도 짚신을 신고 싸웠다고 한다.

더욱이 놀라운 사실은 이들 중 많은 수가 국민군으로 쓰촨성 등에서 끝까지 항거하다가 부대 단위로 집단 투항해 공산군으로 편입한 군인들이라는 것이다. 마오는 절강성, 쓰촨성 등 따뜻한 남쪽 지방에 있던 이들에게 "10월 며칠까지 선양역으로 집결하라"고 명령을 내린다. 병사들은 무슨 일인지도 모르고 그냥 입고 있던 얇은 군복을 입고 북쪽 만주로 올라온 것이다.

10월 19일, 30만 명의 중공군이 압록강을 건넜으나 처음에는 그런대로 견딜만 했다. 그렇지만 11월의 개마고원은 기온이 급강하고 눈이 쌓인다. 한겨울에 보급이 열악한 상태에서 싸우려니 먹고 입는 것이 제대로 공급될 리 없었다. 역시 잔혹한 지도자 마오쩌둥이다. 집단 투항한 국민군 출신 병사들은 사상적

1951년 '1·4후퇴' 당시 서울로 진격해 광화문 중앙청 건물을 점령한 중공군이 환호하고 있다.

으로 건전하지 않은 골칫거리였는데 이들을 한반도에서 싹 정리해버린 셈이다.

중공군에 의해 적화될 뻔한 대한민국

중공군은 특유의 인해전술로 북한 땅에서 국군과 미군, 그리고 유엔군을 파죽지세로 몰아붙이고 나서 38선을 넘어 대한민국 영토로 침입했다. 그리고 1951년 1월 4일 서울을 함락해 그 추운 겨울날 서울 시민들이 소위 말하는 '1·4 후퇴'를 하게 만들었다. 사실 6·25 개전 초기에 서울 시민들은 공산당이 뭔지 잘 몰라서 자의 반 타의 반으로 피난을 안 갔다. 그런데 1950년 인천상륙작전으로 9월 28일 서울을 수복하기까지 100여 일 동안 공산 치하를 경험한 서울 시민들이 공산당이라면 치를 떨고 피난을 간 것이다.

여기에 재미있는 일화가 있다. 중공군이 서울 시내에 들어오니 도시가 거의 텅 비어 있었다. 이를 보고 받은 마오쩌둥이 아래와 같이 한탄을 했다고 한다.

"공산당은 고기, 인민은 물이다. 즉 공산당은 인민 없이는 생존할 수 없다는 뜻이다. 그런데 김일성이 어떻게 남조선 인민들을 다루었기에 서울 시민들이 저렇게 피난을 가버렸단 말인가!"

사실 장제스군보다 열악한 병력과 장비로 마오쩌둥이 승리할 수 있었던 가장 큰 요인 중 하나는 인민의 마음을 잡았기 때문이다. 그 대표적인 것이 홍군 병사의 행동규범이다.

- 인민의 물건에 함부로 손대지 마라. 부득이하게 가지려면 꼭 대가를 지불하라.
- 농가에서 잠자리를 빌릴 땐 절대 본채에 들어가지 마라. 헛간 같은 데서 자되, 자고 나면 꼭 문짝을 원래대로 걸어놓아라(홍군 병사가 헛간 문짝을 떼어 침대처럼 깔고 잤나 보다).
- 말 고삐조차도 농가의 과수나무에 매지 마라.

국공내전으로 만주에서 국민군과 홍군이 치열하게 싸울 때 도시를 점령한 두 군대의 대민 선무 공작은 대조적이었다. 국민군은 바로 병사들을 시내에 풀어놓아 약탈 등 민폐가 많았다. 하지만 홍군은 병사를 도시 외곽에 주둔시키고 먼저 대민 선무 공작대가 시내에 들어와 빗자루로 길거리를 쓸어 주는 등 인민의 마음을 먼저 잡았다고 한다. 그러고는 야금야금 물자와 인력

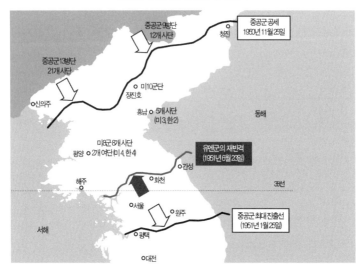

중공군의 침공과 유엔군의 재반격

을 차출해 갔는데 결과적으로는 국민군보다 더 빼앗아 갔다고 한다. 하지만 빼앗아 가는 방법이 달랐던 것이다.

지도에서 보듯이 중공군의 3차 공세로 서울을 빼앗긴 유엔군이 37도선인 평택으로 밀릴 때 미국은 한국에서의 '철수'를 고려했다고 한다. 미국 합동참모본부가 한반도 철수 계획을 수립하고 대통령 재가까지 받았다. 다행히 보급선이 길어지고 유엔군의 집요한 반격으로 중공군이 기세가 꺾였으니 망정이지, 보급이 원활해 중공군이 계속 밀어붙였으면 우리나라는 북한군이 아니라 중공군에 의해 적화될 뻔했다.

자랑스러운 대한민국 군인

일부에서는 우리나라 국군이 약체라서 중공군이 미군이 아닌 국군 방어선만 골라 공격했다고 말한다. 이것은 엄청나게 개전 초기 상황을 잘못 이해하고 있는 것이다.

당시 국군은 창군된 지 1년 남짓해 무기나 지휘체제가 제대로 깃추이지지 않은 상태였다. 우선 탱크가 한 대도 없었다. 미군이 철군하면서 안 준 것이다. 커다란 대포는커녕 병사들에게 총알조차 제대로 보급되지 않았다. 더욱이 지리산 등에서 활동하는 빨치산 토벌을 위해 국군이 가진 8개 사단의 절반인 4개 사단이 후방에 배치돼 있었다.

반면, 북한군과 중공군은 소련이 준 T34 탱크 250여 대, 대포 등 최신 무기로 무장하고 있었다. 놀라운 사실은 북한이 기관총에서부터 박격포까지 자체 생산을 했다는 것이다. 일제가 남긴 총, 대포를 만드는 군수공장이 북한에 있었는데 1945년 일본이 항복한 뒤 북한에 잡아둔 약 800여 명의 일본인 기술자들을 이용해 만든 것이다.

"수류탄 두 발에 실탄 스무 발씩만 가진 우리 국군이 3일간 버티었다는 것은 오히려 기적에 가깝습니다."

어느 예비역 육군 장성의 말이다. 특히 춘천에 주둔하던 국군 6사단은 북한군 최정예 6군단을 5일이나 막았다. 만약 우리 6사단이 이렇게 용감히 싸우지 않았다면 개전 초기 서울을 버리고 남쪽으로 후퇴하던 국군의 주력은 모두 포로가 되거나 전멸했을 것이다.

군사고문단장 소련군 바실리에프 장군이 만든 평양의 남침 계획은 춘천을 뚫은 북한군 6군단이 빠르게 남진하여 수원을 점령해 서울에서 후퇴하는 국군을 포위·섬멸하는 것이었다. 의정부에서 내려온 북한군 주력과 수원에서 기다리는 북한군 6군단에게 포위되어 국군은 말 그대로 '독 안에 든 쥐' 신세가 될 뻔했다.

사실 역사적으로 미국이 그렇게 적극적으로 지원하다가 중국의 장제스군을, 베트남의 월남군을 버린 이유는 도무지 스스로 싸울 의지가 없었기 때문이다. 1940년대 국공대전 때 장제스군이 월등히 많은 병력과 무기를 가지고 어이없이 마오쩌둥군에게 무너진 가장 큰 이유는 대규모 부대 단위로 '집단 투항'했기 때문이다. 싸울 의욕이 없는 장제스군이 사단, 군단 단위로 총 한 방 쏴보지도 않고 고스란히 백기를 들었다. 쓰촨성에서는 수십만 명의 장제스군이 집단 투항했다고 한다.

월남의 패망도 마찬가지다. 미군이 철수하며 그렇게 좋은 탱크, 대포를 주었는데도 월맹군이 파죽지세로 몰려오자 장비를 버리고 고스란히 집단 투항했다. 아이러니하게도 마오쩌둥 군대나 월맹군은 집단 투항한 국부군이나 월남군이 남긴 미제 장비로 싸웠다.

전쟁에서 항복과 집단 투항은 엄연히 구별된다. 항복은 용감히 싸우다가 적의 수가 너무 많고 총알이 떨어지면 하는 수 없이 총을 내려놓고 적에게 손을 드는 것이다. 하지만 집단 투항은 말 그대로 불명예스러운 것이다.

6·25 개전 초기 전혀 예상하지 못한 적의 기습공격을 받아 그렇게 혼란스럽게 후퇴하면서도 우리나라 국군은 단 한 개의 대대도 집단 투항하지 않았다(6·25 전에는 국군에 침투한 좌익 장교가 음모한 월북 사건이 대대로 있었다. 일부 부하들은 속을 줄 알고도 싸우며 귀환했다). 자랑스럽게 생각해야 할 우리나라 국군의 군인정신이다. 바로 이 점이 나라를 지키지 못한 국민군과 월남군과의 차이다. 그렇기에 미국이 그들은 버리고 한국은 한미동맹으로 지금까지 단단히 묶어놓았는지도 모른다.

적이 의정부 방어선을 밀고 내려올 때 우리 국군에게는 바주카포와 같이 소련제 T34 탱크를 막을 아무런 대전차무기가 없었다. 유일한 방법은 맨손에 수류탄을 들고 적의 탱크로 돌진해 파괴하고 스스로 산화하는 방법이었다.

6·25전쟁에 참전한 무용공사에 대한 보훈의 날 행사에 초청된 가족들. 사진에서 왼쪽 두 번째 서 있는 분이 '육탄 10용사'의 동생인 오세훈 선생이다.

그 당시 상황을 오세훈 선생한테 직접 들었다. 육탄 10용사는 강제 차출이 아니고 모두 자원이었다고 한다. 그런데 그 정신없는 와중에도 결혼한 사람, 대를 이을 장남, 외아들은 받아주지 않았다. 그러니 모두 총각과 둘째, 셋째 등으로만 채워졌다. 그래서 그날 보훈처 행사에도 다른 무공용사들은 후손들이 왔는데 육탄 10용사만은 동생이 왔다.

긴 시간이 흘렀지만 우리는 절대 이들을 잊어서는 안 된다.

"공산 중국과의 전면전을 피하기 위해 여러 가지 이유로 유화정책을 쓰려는 사람들이 있습니다. 이들은 역사의 명백한 교훈에 무지한 사람들입니다. 잘못된 유화정책은 더욱 처참한 새로운 전쟁을 초래할 뿐이라는 교훈을 역사는 분명히 강조하고 있습니다. 적에 대한 유화정책이 거짓 평화보다 나은 상황으로 발전한 예는 역사의 어디에도 없습니다."

"전 세계 국가 중 한국만이 모든 위협을 무릅쓰고 공산주의와 대항해 싸우는 유일한 나라입니다. 한국인들과 한국 군인들이 공산주의와 싸우며 보여준 용기와 불굴의 의지는 참으로 장엄합니다. 한국인들은 공산 치하의 노예와 같은 삶보다는 차라리 죽음을 무릅쓰고 싸우겠다고 합니다."

1951년 4월 19일 군복을 벗은 맥아더 장군은 미 상·하원 합동회의에 출석해 위와 같이 말하며 "노병은 결코 죽지 않는다. 단지 사라질 뿐이다"라는 유명한 고별연설을 남겼다.

대한민국을 위해 중공군과 싸운 우방의 군대들

남한강을 따라가다 양평에 들어서면 지평리란 마을이 나오는데 그곳에 '지평리 전투 유엔(프랑스)군 참전 충혼비'가 있다. 70여 년 전 이곳에서 6·25 전쟁의 판도를 바꾼 격전이 있었다. 랄프 몽클라르(R. Monclar) 중령이 이끈 프랑스 대대가 미 23연대와 함께 1951년 2월 13일부터 15일까지 3일간의 전투에서 중공군의 대공세를 막은 곳이다. 프랑스 대대 500명과 미군 5,500명이 중공군 5개 사단 23만 명을 패퇴시킨 전승이었다.

프랑스 대대 군인들은 모두 자원자로 2차대전, 인도차이나 전쟁에서 풍부한 전투 경험이 있는 베테랑들이었는데 영하 30도의 추위 속에서도 맹렬히 싸웠다. 한 가지 재미있는 것은 한반도에 온 유엔군 중 총검을 꽂고 싸우는 육박전을 제일 잘한 군대가 바로 프랑스군과 터키군이었다고 한다. 언덕 위에서 보병용 소총에 총검을 꽂고 언덕을 내려오는 프랑스군에 미처 공격 진용을 갖추지 못한 중공군이 속수무책으로 당했다. 중공군으로서는 이런 군대를 처음 마주한 것이다. 지금까지는 한밤에 나팔 불고 꽹과리 치며 공격하면 되었는데, 정말 이상하고 날카로운 굉음의 사이렌 소리를 내며 굳건히 버티는 것이었다.

사실 지평리 전투 전까지 유엔군은 마냥 밀리기만 했다. 총탄에 쓰러지고 쓰러져도 파도와 같이 밀려오는 중공군에 유엔군이 심리적으로 위축돼 있던 것이다. 그런데 유엔군이 지평리 전투를 계기로 '인해전술 트라우마'에서 벗어나 본격적인 반격으로 돌아섰다.

한국에 들어온 중공군의 총사령관은 펑더화이(彭德懷)였는데 평소 비행기 타는 것을 극도로 꺼렸다. 그런데 지평리 전투가 끝난 뒤 베이징으로 비행기를 타고 날아가 야행성이라 자고 있던 마오쩌둥을 깨워 "중공군의 전쟁 수행에 한계가 왔으니 휴전을 논해야 한다"고 말한 것으로 전해진다.

재미있는 것은 몽클라르라는 군인이다. 그 유명한 외인부대 출신으로 2차대전 때 북아프리카에서 싸웠고 1950년에 이미 중장으로 승진해 있었다. 그런데 '코리아'로 파병되는 대대급 부대를 지휘하기 위해 현역 중장이 자진해서 중령으로 계급을 내렸다.《한국을 지킨 자유의 전사: 나의 아버지 몽클라르 장군》이란 책을 펴낸 파비안 몽클라르 여사가 2010년 방한해 지평리를 방문했다. 6·25전쟁 때 우리를 도우러 온 프랑스 군인 중 269명이 고국으로 돌아가지 못했다.

남미의 안데스 산맥 중턱 콜롬비아의 수도 보고타에 있는 국방대학에 가면 놀랍게도 우리나라의 석가탑이 있다. 6·25전쟁 파병에 대한 보은으로 한국 정부가 기증한 것이다. 콜롬비아는 라틴 국가 중 유일하게 1951년 6월, 대대 규모의 1,080명을 한국에 파병했다. 이들은 금성 진격작전, 김화 400고지 전투 등에서 싸웠다. 특히 1953년 3월 23일부터 25일까지 있었던 불모고지 전투(지금의 연천 북쪽)에서는 1개 대대 병력으로 중공군 141사

6·25전쟁 파병에 대한 보은으로 한국 정부가 콜롬비아에 기증한 석가탑.

단 산하 1개 연대와 싸워 100여 명의 희생자를 내면서 적을 600여 명이나 사살했다.

1990년대 말 대통령 특사와 함께 그곳에 갔을 때 청년장교로 참전했던 가르시아 장군을 만났다. 여든이 가까운 노장군은 유난히 추웠던 강원도를 어렴풋이 기억하고 있었다.

"그때 코리아는 정말 헐벗고 아무것도 없는 비참한 나라였는데 이제는 콜롬비아보다 더 잘사는 나라가 되었네요!"

이 말을 하는 그의 눈시울이 살짝 젖었다. 젊은 시절 이름도 모르던 먼 나라에 가서 싸운 것이 결코 헛되지 않았다는 뿌듯한 자긍심이 가르시아 장군의 얼굴에 깃들었다.

제임스 매티스 전 국방장관이 사단장을 했던 미 해병 1사단은 1942년 과달카날에서 무적 일본군에게 처음으로 패배를 안긴 미군의 최정예 부대다. 이 부대는 1950년 11월 26일 개마고원의 장진호까지 올라갔다가 10배에 가까운 중공군에 포위됐다. 11월 10일 유엔군에 발각되지 않고 두만강을 넘은 중공군 9병단과 마주친 것이다. 유엔군 사령부는 '장비를 모두 버리고 비행기로 탈출할 것'을 권유했지만 해병 1사단장 스미스 장군은 이를 단호히 거부했다. 모든 부상자와 장비를 가지고 "해병은 방향을 바꾸어 공격한다"라는 유명한 격언을 남기고 혹한의 추위 속에서 '질서 있는 퇴각'을 했다. 덕분에 흥남철수작전이 가능했다. 만약 그때 그들이 엄청난 희생을 치르며 시간을 벌어주지 않았다면 10만여 명의 피난민이 대한민국의 품에 안기지 못했을 것이다.

대한민국이 풍전등화의 위기에 있을 때 달려와 같이 싸워준 우방의 고마움을 전쟁의 상처를 모르는 젊은 세대가 잊어서는 안 된다. 용산의 전쟁기념관에 가보면 군대를 보낸 미국, 영국, 콜롬비아, 터키, 필리핀, 에티오피아, 캐나다 같은 16개국 외에도 노르웨이와 같이 의료선을 보낸 나라와 함께 각종 전쟁물자를 지원한 나라들이 있는데 그중에는 지금의 미얀마도 있다.

6·25 참전에 대한 중국의 올바른 평가

중국 지도자들의 항미원조 전쟁 같은 잘못된 역사 인식이 오늘날 중국이 존경받는 세계 패권국가로 도약하는 데 족쇄를 채우고 있다.

"나는 이 책을 쓰며 항미원조 전쟁 대신 '한국전쟁'이라는 용어를 쓰고자 한다. 이는 중국인이 세계화 측면에서 이 전쟁을 회고하고자 하는 바람을 나타낸다. 중국인은 그렇게 해야만 한반도, 더 나아가 이 세상을 둘러싸고 있는 각종 난제를 분석하는 데 도움이 된다는 사실을 알고 있기 때문이다."

1999년 《한국전쟁》이란 책을 펴낸 중국의 1급 작가 왕수쩡(王樹增)의 말이다. 이같이 역사를 바로 이해하고자 하는 양식 있는 중국 지식인들이 많으면 많을수록 중국의 앞날은 밝을 것이다. 중국의 6·25 참전에 대한 올바른 역사적 평가는 한중 두 나라가 더욱 긴밀한 관계로 발전하기 위해 풀어야 할 중요한 과제다.

워싱턴의 육군참모총장을 잠에서 깨운 '맥아더 장군'

6·25전쟁을 되돌아보면 만약 개전 초기 촌각을 다투는 위기 상황에서 태평양지역 사령관이 맥아더가 아닌 다른 장군이었다면 전쟁의 양상은 다르게 전개되었을지도 모른다.

1950년 6월 29일, 서울이 함락당한 위기 상황일 때 맥아더 장군이 직접 수원 비행장으로 날아온다. 장군으로서 그의 특징은 '꼭 최전선에 가서 전황을 파악하고 군사적 판단을 하는 것'이었다. 필리핀 탈환 전투에서는 지프차에 부관만 태우고 전선 시찰을 나갔다가 일본군 출몰지역까지 가는 바람에 총격을 받고 아찔한 순간을 넘긴 적도 여러 차례 있었다.

맥아더 장군은 전선에서 총을 들고 서 있는 국군 병사에게 "싸울수 있나?"라고 물었다. 그때 병사가 내 나라를 지키겠다는 강한 군인정신을 보였다는 것은 우리에게 잘 알려진 사실이다.

그런데 한국전의 전세를 가름 짓는 역사적 드라마가 그다음 펼쳐진다. 전황이 한 치를 다투는 위기 상황임을 파악하고 맥아더 장군은 바로 워싱턴의 육군참모총장에게 전화를 걸었다. 전화를 받은 부관에게 '콜린스 장군을 바꿔달라'고 말했는데 워싱턴과 서울은 낮과 밤이 정반대라 콜린스 장군은 곤히 자고 있을 시간이었다. 부관이야 당연히 '장군께서 주무시는데 일어나신 뒤 통화하면 안 되느냐'고 말했다. 여기서 맥아더 장군의 불호령이 떨어진다.

"당장 깨워! 한시가 급하다."

군대의 부관이건 회사의 비서건 자는 상관은 어지간하면 잘 안 깨우려고 한다. 그런데 대한민국이 운이 좋으려니 직책상으로는 콜린스 장군이 상관이었지만 맥아더 장군이 비교가 안될 정도로 한참 군 선배였다. 맥아더 장군은 1930년대 미국 역사상 최연소 육군참모총장을 지냈다.

육군참모총장의 부관쯤 되면 이 정도 군대 서열은 읽는다. 두말 않고 콜린스 장군을 깨워 전화를 연결시켜주었다. 맥아더 장군은 그에게 "지금 한가히 자고 있을 때가 아니다. 당장 아침에 일어나자마자 대통령께 가서 보고하라"고 말했다. 마치 부하에게 지시하듯이 말이다.

이때 부관이 버티며 전화를 안 바꿔주었다면 한반도의 위급상황을 트루먼 대통령에게 전달하기까지 2~3일은 더 걸렸을지 모른다. 도쿄에서 전문 국방성에 보내고 거기서 결재받아 다시 백악관에 전달하는 복잡한 절차를 거쳐야 했을지도 모르기 때문이다. 그 사이 북괴군은 남쪽으로 수백 킬로미터는 더 내려왔을 것이다.

맥아더 장군의 결단은 여기서 그치지 않는다. 자신의 지휘 아래 있던 일본 주둔 4개 미군 사단을 즉시 한반도에 투입한다. 그 첫 부대가 1950년 7월 5일 오산에서 북괴군과 전투를 벌인 스미스 부대다.

1944년 6월 6일 새벽 연합군이 노르망디에 상륙했을 때 히틀러는 수면제를 먹고 자고 있었다. 다급한 노르망디 지역의 독일군 장군이 히틀러의 부관에게 전화를 걸어 '후방에 있는 기갑사단 투입'을 요청했지만 부관이 히틀러의 잠 깨우기를 거부했다. 히틀러는 노르망디의 기갑사단을 움직이려면 자신의 허락을 받아야 한다고 미리 명령해놓았기 때문에 독일군은 상륙해 교두보를 확보하고 내륙으로 밀려오는 연합군을 그 막강한 팬저, 타이거 탱크로 막을 절호의 기회를 놓쳤다.

맥아더 장군이 고별연설에서 중국에 대한 유화정책을 비판한 것은 몇 가지 이유가 있지만 그중 하나는 워싱턴이 '만주지역에 대한 미군의 공중정찰을 제한한 것'에 대한 불만이었다. 만약 만주의 주요 군사시설이나 철도 등에 대해 공중정찰을 했다면 중공군의 개입을 미리 알았을지도 모른다.

| 8장 |

붉은 중국의
한반도 징크스

유독 한반도에서 기를 펴지 못한 중국

지난 천년의 역사를 되돌아볼 때 중국군이 압록강을 건너 한반
도에 들어와 재미를 본 적이 거의 없다. 멀게는 임진왜란 때 출
병했다가 멸망한 명나라에서 시작해 구한말 위안스카이가 이끄
는 3,000명의 청병(淸兵)을 조선 땅에 보낸 청나라다.

　임오군란 이후 어지러운 조선 땅을 놓고 청나라 조정은 어전
회의를 했다. 안건은 외세가 개입해 골치 아픈 티베트, 신장 위
구르, 조선 땅에 대한 처리 문제였다. 티베트에는 영국과 인도
세력이, 신장 위구르에는 러시아 세력이, 조선 땅에는 일본이 진
출 기회를 호시탐탐 노리고 있었다. 거의 거덜 난 국력으로 세
군데에 모두 군대를 보낼 처지가 못 되니 제일 중요한 속국 하
나만 우선 단단히 챙기자고 의견을 모았다. 여기에 조선이 뽑혔

고 그 당시 한창 뜨고 있던 청나라의 스타 장군 위안스카이가 3,000명의 군사를 이끌고 압록강을 건너왔다.

조선에서 위안스카이가 벌인 위세는 가관이었다. 앞서 말했듯이 이사부를 설치하고 조선 왕을 만날 때 속국의 왕에게는 예우를 갖출 필요가 없다며 가마를 탄 채 대궐로 들어왔다. 위안스카이의 이 같은 허세는 가뜩이나 조선 땅을 호시탐탐 노리던 일본의 군대가 조선에 들어올 핑계를 만들어주었다.

드디어 1894년 7월, 조선 땅 아산에서 두 나라 군대가 크게 한판 붙었다. 낡은 무기로 무장한 늙고 병든 호랑이가 서구식 무장을 하고 잘 훈련된 일본군에 참패했다. 청의 굴욕은 여기서 그치지 않았다. 당시 독일에서 최신 전함인 '진원함' '정원함'을 사 오고 나름대로 최신 무기로 무장해 그렇게 자랑스러워하던 북양 함대가 도고 제독이 이끄는 일본 해군에 참패했다. 바다에서 서로 함포를 쏘다가 지면 그래도 체면은 세울 수 있었는데, 산둥성 웨이하이항에 정박하고 있다가 항구를 봉쇄하며 기습 공격한 일본 함대에 속수무책으로 당한 것이다.

수천만 명을 아사시킨 대약진 운동

1950년부터 3년간 한반도에서 국군, 미군, 중공군 등이 뒤섞여 싸웠지만 참전의 후유증을 가장 오래 겪은 나라는 아마 중국일 것이다. 만약 중국이 국제사회에서 고립되지만 않았어도 중국은 훨씬 이전에 경제발전을 이뤄 지금쯤은 미국과 당당히 어깨를 겨루며 존경받는 대국이 됐을지도 모른다.

1950년 11월 유엔으로부터 '침략자'로 낙인찍힌 중국은 국제사회에서 고립돼 죽의 장막에 갇혔다. 이를 타개하기 위해 마오쩌둥이 자력갱생이라는 미명 하에 대약진 운동을 벌이다가 수천만 명을 아사시키는 대참사를 불러일으켰다.

권력을 잡기 전 농민의 마음을 잡기 위해 지주의 땅을 빼앗아 농민들에게 나누어 주었다. 그러나 자기 땅을 갖게 된 농민들의 기쁨도 잠시였다. 공산정권을 수립한 지 10년이 지난 1958년, 모든 농민의 땅을 다시 빼앗고 인민공사에 집단 거주하게 했다. 모두가 함께 모여 농사일을 협력하고 같이 밥을 지어 먹으니 꿈에 그리던 공산주의 낙원(!)이 찾아온 셈이다.

그런데 마오쩌둥이 너무 큰 욕심을 냈다. '전 인민이 1,070만 톤 철강 생산을 위해 분투할 것!'이란 슬로건을 내걸고 철강 생산에서 미국과 영국을 따라잡자고 광기를 부린 것이다. 이것이 그 악명 높은 '대약진 운동'이다.

잘 알다시피 철강을 생산하는 방법에는 두 가지가 있다. 첫 번째가 포스코 같이 대형 고로가 있는 종합제철소를 만드는 것이다. 이를 위해서는 일본의 신일본제철이 우리를 도와주었듯이 선진국의 기술지원이 있어야 한다. 그런데 국제사회에서 고립된 중국은 그것이 불가능했다. 결국은 두 번째인 고철을 녹여 철강을 만드는 방법을 택했다.

오직 게릴라 정신 하나로 공산 중국을 건설한 마오쩌둥은 '하면 된다' 정신으로 모든 농촌 마을에 철강 생산을 위한 소형 용광로를 만들게 했다. 그 거대한 중국 땅의 모든 농촌 마을에 엄청난 수의 용광로를 만들었으니 한 개의 용광로에서 한 달에 철강 몇 톤씩만 생산해도 목표연도 내에 가볍게 미국과 영국을 따라잡아 철강대국이 될 수 있었다. 물론 철강만 있으면 대포, 탱크도 만들고 군함까지 건조해 '위대한 중화제국의 꿈'을 실현할 수 있었다.

베이징의 자금성에 앉아서 쑥쑥 올라가는 월간 철강 생산량에 마오쩌둥이 회심의 미소를 짓고 있을 때, 지방에서는 희대의 해프닝이 벌어지고 있었다. 소형 용광로에서 철강을 만들려면 쇠붙이, 즉 고철을 넣어야 한다. 처음에는 중일전쟁, 국공내전 때 쓰고 버려진 탱크, 대포, 탄피 등 고철들이 꽤 있었다. 그런데 그것도 얼마 가지 않아 바닥이 났다. 바로 여기서부터 문제가 발생했다.

베이징에서는 '월간 철강생산 목표를 달성하라'고 득달같이 독촉하는데 더 이상 집어넣을 고철이 없었다. 목표달성을 못하면 지방 공산당원들이 무자비하게 숙청당하곤 했다. 그때 당시의 중국공산당은 요즘같이 세련되지 못했다. 당의 지시를 어기면 이유 여하를 막론하고 바로 숙청이었다. 그래서 마련한 고육지책으로 밥 해먹을 솥, 냄비, 숟가락 그리고 농사지을 쟁기, 곡괭이까지 마구 용광로에 집어넣었다. 농기구가 없어지니 농사가 제대로 될 리 없었다. 거기에 더 한심한 것은 용광로에서 철강을 생산하느라 일손이 달려 들판에 익은 곡식조차 제대로 추수하지 못했다. 당연히 식량이 부족해질 수밖에 없었다.

마오쩌둥이 공산당 간부와 함께 베이징에서 샴페인을 터트리고 있을 때 지방에서는 수십만, 수백만 명이 아사했다. 중국의 공식 통계에서도 약 4,000만 명이 아사했다고 인정한다. 그런데 희대의 코미디 같은 비극은 이 사실을 베이징에서는 전혀 모르고 있었다는 것이다. 남부 저장성, 쓰촨성에서 식량 부족으로 아사자가 생길 때 북부 지린성, 헤이룽장성에서는 식량이 남았다. 중앙정부가 이를 알았다면 남는 식량을 나누어주면 됐다. 그런데 식량이 부족한 지역의 공산당 간부가 책임 추궁이 두려워 주민들의 외부와의 교신을 철저히 차단하고 당 중앙에 보고하지 않은 것이다. 정말 어처구니없는 일이다.

뒤늦게 대약진 운동의 대재앙을 안 공산당 중앙은 발칵 뒤집혔고, 결국 마오쩌둥이 권좌에서 밀려난다. 상징적인 공산당 주석이 된 것이다. 유소기, 덩샤오핑 등의 개방파, 즉 주자파(走資派)가 당과 국가의 권력을 장악하면서 마오쩌둥이 권력투쟁에서 밀린 것이다.

광기의 문화대혁명

어떻게 잡은 권력인데 포기하겠는가? 그렇게 쉽게 권력을 포기할 마오쩌둥이 아니었다. 권력의 일선에서 밀려난 마오쩌둥은 고심 끝에 권력을 되찾기 위한 묘책을 짜낸다. 철모르는 젊은이들 사이에서 자신의 카리스마적 권위가 살아있다는 데 착안해 자신을 광신하는 어린 중학생, 고등학생들로 소위 '홍위병'을 만든 것이다.

대중 선동은 마오쩌둥의 전공이다. 공산당과 정부는 빼앗겼지만 다행히 아직 군은 마오쩌둥이 장악하고 있었다. 군부의 힘을 바탕으로 공산당식 계급투쟁의 열기를 되살리고 홍위병들을 광기로 몰아넣었다. 마오쩌둥을 광신하는 젊은 홍위병들은 공산당 간부, 학교 선생 할 것 없이 무조건 길거리로 끌어내 모욕을 주고 마구 팼다. 많은 주자파 간부들이 비참한 최후를 맞았다. 다행히 덩샤오핑 등은 목숨을 건지고 지방으로 쫓겨 갔다.

여기서 그치지 않고 중국의 역사적 유물, 고전들까지 마구 파괴했으니 가히 진시황의 분서갱유에 비길 만했다. 이것이 1965년부터 10여 년간 마오의 개인숭배로 중국대륙을 광기로 몰아넣은 '문화대혁명'이다.

미군을 다시 한반도로 불러들인 항미원조 전쟁

역사의 아이러니는 1949년 한반도에서 스스로 나간 미군을 다시 불러들인 것이 중국이 그렇게 자랑하는 항미원조 전쟁이라는 것이다.

그런데 베이징으로서는 아주 당황스러운 일이 벌어진다. 처음에는 한강 이북의 포천, 의정부 등에 주둔하며 북한군을 견제하기 위해 야전군 형태로 포진하던 미군이었다. 하지만 언제부터인가 슬며시 포진(布陣)을 바꾸었다. 평택에 있는 거의 모든 주한미군을 기동군(機動軍) 형태로 집결시킨 것이다. 이것은 워싱턴의 커다란 전략적 전환이었다. 한반도에 주둔한 미군을 과거의 대북 견제에서 중국 견제로 바꾼 것이다.

평택에 있는 햄프리 미군기지에는 육군뿐만 아니라 해군, 공군이 같이 있다. 이곳이 전 세계에 흩어져 있는 수많은 해외 미군기지 가운데 베이징에서 가장 가까운 기지라고 한다. 구소련이 쿠바에 미사일을 설치할 때 미국이 그렇게 난리를 쳤는데 쿠바와 워싱턴 간의 거리는 1,933킬로미터다. 그런데 평택에서 베이징까지는 불과 986킬로미터밖에 안 된다. 이를 두고 어느 중국 지도자는 "평택기지가 중국의 허리에 대검을 겨누는 것 같다"라고 표현했다.

미묘한 북중관계

베이징에 가서 사회과학원, 중국외교협회, 공산당교(당교육기관), 베이징대학 등을 방문해 북중관계에 대해 이야기를 나누다 보면 늘 나오는 말이 있다.

"한국이나 미국이 생각하듯이 중국은 북한에 대한 영향력이 없습니다."

평양이 베이징 말을 잘 안 듣는다는 말이다.

"요새 북한의 상황이 어떻습니까?"

과거 김정일 시대 우리나라 외무장관이 베이징을 방문했을 때 중국의 외교부장 입에서 튀어나온 질문이다. 이 말을 들은 우리나라 외무장관이 어이가 없어 되물었다.

"아니 북한 사정이라면 베이징이 더 잘 알지 어떻게 서울이 압니까?"
"아버지 김일성 시절에는 서로 소통이 잘 되었는데 아들이 권력을 잡고부터는 우리와 잘 소통하지 않아요."

중국 외교부장의 이 말은 어느 정도 맞는 말이다. 우리는 북중관계가 혈맹으로 맺어진 아주 단단한 관계인 줄 알고 있다. 하지만 그들의 역사를 되새겨보면 우리가 흔히 생각하듯 단순하지만은 않다.

사실 마오쩌둥은 1949년 중화인민공화국을 건설하는 데 있어 김일성에게 큰 신세를 졌다. 일본이 망하고 중국대륙에서 장제스군과 국공내전이 한창일 때 만주로 진출한 임표가 이끌던 마오쩌둥군이 압도적인 장제스군에게 몰려 거의 궤멸 직전이었다. 이때 극적으로 김일성이 압록강, 두만강의 국경을 열어주었다. 지친 중국공산군은 북한 땅으로 들어와 부상병을 치료하고 병력과 무기를 보강할 수 있었다. 이때 일본군이 북한에 남긴 38식 보병 소총 20만 정과 탄약을 고스란히 마오쩌둥에게 주었다고 한다. 이같이 구사일생으로 북한 땅에서 원기를 회복한 중국 공산군은 다시 만수로 들어가 승리할 수 있었다.

이와 같은 만주에서의 승리를 기반으로 200만 명의 중국공산군이 남진하여 중원대륙으로 몰아붙인 끝에 기적과 같은 승리를 거둔 셈이다. 그러니 마오쩌둥은 김일성에게 엄청나게 큰 신세를 졌고 이것이 후일 베이징이 평양에 대해 늘 갖고 있는 빚인지도 모른다.

마지막으로 혈맹인 북조선과도 좋게 헤어지지 못했다. 1956년 8월 연안파가 김일성을 축출하려다 실패하고 중국으로 망명한 사건이 있었다. 김일성으로서는 정말 아찔한 정치적 위기의 순간이었다. 그런데 그가 한숨 돌리고 가만히 생각해보니 더 아찔한 것이 있었다. 북한 땅에 20만 명의 중국군이 주둔하고 있는 것이다. 거기다가 마오쩌둥이 자신을 쫓아내려고 한 연안파를 두둔하고 있는 것이 아닌가. 만약 마오쩌둥이 중국군에게 지시해 무력으로 북한의 권력을 연안파에 넘기라고 한다면 무슨 일이 벌어질까. 생각만 해도 아찔했다. 그래서 김일성은 마오쩌둥에게 공손히 부탁했다.

"이제 전쟁이 끝났으니 북한에 주둔하는 중국군은 되돌아가도 되겠습니다."

그런데 마오쩌둥의 대답이 가관이었다.

"우리 중국군이 북조선을 미군의 위협으로부터 지켜줄 테니 당신들은 전쟁으로 황폐해진 경제나 재건하시오."

북조선에서 철군하지 않고 버티겠다는 꿍꿍이였다. 당연히 북한의 지도자는 더욱 겁이 나 거듭 중국군의 철군을 요청했고 마오쩌둥은 어떻게든 버티려고 여러 차례 입씨름을 했다고 한다. 그러다가 관계가 험악해져 평양은 '중국군이 철군하지 않으면 남쪽의 휴전선을 개방하겠다'는 협박성 카드까지 내밀었다 (이 이야기는 베이징대학 교수한테 들은 것이다).

1958년 결국 중국군은 철군했다. 물론 북중관계는 악화됐고 그 후 북한은 친소(親蘇)로 돌아섰다.

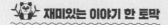

'한강의 기적'을 만든 숨은 공신

"땡큐, 마오쩌둥!"

우리가 마오쩌둥에게 해야 하는 말이다. 중국이 문화대혁명의 혼란에 빠지던 이 시기는 정확히 우리나라가 수출주도형 산업화를 막 시작할 때다. 만약 마오쩌둥이 그때 중국을 문화대혁명의 혼란으로 몰아넣지 않고 유소기, 덩샤오핑 같은 개방파가 우리나라와 같은 수출주도형 산업화를 시작했다면, 우리가 이룬 놀라운 경제발전인 '한강의 기적'은 없었을지도 모른다.

생각해보자. 1960년대 우리나라는 값싼 노동력에 바탕을 두고 신발, 싸구려 와이셔츠 등을 만들어 수출했다. 그런데 그때 10억 인구의 중국이 우리와 같이 신발을 만들어 수출했다면 우리나라보다 훨씬 값싸게 만들 수 있었을 것이다.

9장

남중국해
영토분쟁과
중국의 해양굴기

남중국해 제해권을 지키기 위한 일본제국의 결사적 항전

태평양전쟁 초기 마냥 밀리기만 했던 미군이 1943년 봄, 남태평양 솔로몬제도에 있는 과달카날 전투에서 승리한 후 전세를 역전시켰다. 반격을 시작할 때 어니스트 킹(Ernest King) 제독이 이끄는 미 해군은 솔로몬제도-마리아나제도의 사이판-오키나와-도쿄로 이어지는 공격 방안을 제시했다. 말하자면 베트남, 싱가포르, 태국 등 인도차이나반도, 인도네시아와 중국대륙의 일본군을 그대로 놓아두고 최단거리로 일본제국의 수도를 점령하여 전쟁을 끝내려 한 것이다. 그런데 맥아더 장군의 주장은 달랐다. 필리핀을 꼭 되찾자는 것이다.

1941년 12월 진주만 공습과 거의 동시에 홍콩, 싱가포르와 함께 필리핀을 공격한 일본군과 중과부적으로 싸우다가 1942

태평양전쟁 당시 일본의 점령지역과 미군의 진격로

년 봄 필리핀을 떠나면서 맥아더 장군은 그 유명한 "나는 반드시 되돌아오겠다(I shall return)!"는 말을 남겼다. 이와 같은 필리핀 국민에 대한 약속도 있었지만 더 큰 이유가 있었다. 필리핀을 탈환하면 미군이 남중국해를 장악할 수 있기 때문이다.

미국과 총력전을 하는 일본제국의 가장 큰 약점은 기름과 전쟁 수행에 필요한 자원 부족이었다. 그런 일본에 있어 동남아는 중요한 전쟁물자 조달처였다. 인도네시아의 기름, 말레이시아의 고무와 주석, 그리고 비행기를 만드는 데 필수적인 보크사이트 등이 모두 남방에서 남중국해를 거쳐 일본으로 갔다.

1944년 10월 미군이 레이테섬을 시작으로 탈환 작전을 시작하자 필리핀을 사수하기 위한 일본제국의 저항은 필사적이었다. 본토 방위를 위해 그렇게 아끼던 항공기를 일본에서 가져오고 동남아 여러 항구에 흩어져 있던 모든 함정을 총동원해 1944년 10월 23일 레이테만에서 미 해군과 대해전을 벌였다. 하지만 결과는 일본 연합함대의 참패였다.

필리핀 전투에서 일본군 전사자는 무려 17만 명(미군은 8,000명)이나 되었고 레이테만 해전에서 그 악명 높은 가미카제 특공대가 생겨났다. 일부 홍보성 기록에서는 애국심 넘치는 일본 조종사들이 자원해 '천황 폐하 만세!'를 외치며 미군 함정에 돌진했다고 말한다. 이것은 일본 제국주의가 미화시킨 것으로 현실은 다르다. 도망가지 못하게 호위 명분으로 두 대의 전투기가 양옆에서 감시 비행을 하고, 돌아오는 기름을 주지 않았다. 심한 경우 조종석의 문을 용접해버려 선택의 여지가 없게 만들었다.

미국 측 기록에 의하면 약 2,600회 가미카제 공격이 있었다. 그런데 실제 일본 비행장에서 출격한 가미카제기는 이보다 더 많았다. 기름이 부족해 신참 조종사들을 간단한 기초교육만 한 뒤 폭탄을 실어 출격시켰다. 미 항모전단을 항공 타격하려면 보통 200마일 정도는 날아가야 하는데, 실제 비행경험이 없어 중도에 항로를 잃고 바다에 추락하거나 심지어는 바다의 고래를 미 함정이나 잠수함으로 오인해 가미카제 공격을 하기도 했다.

1944년 10월, 20여만 명의 미군이 레이테섬에 상륙했고 이어서 민다나오섬, 루손섬 전투를 거쳐 1945년 2월 필리핀을 완전히 탈환했다. 일단 미군이 남중국해를 장악하자 물자 부족으로 일본제국의 전쟁 수행능력은 급격히 떨어졌다. 필리핀의 클라크 공군기지와 수빅 해군기지에서 출격하는 항공기, 구축함, 잠수함의 공격으로 전쟁 초기 약 600만 톤이던 수송 선단이 남중국해에서 거의 격침되어 종전 시에는 겨우 30여만 톤 정도 남았다(일본 NHK, 〈태평양전쟁〉). 그러니 전쟁 말기에 장작을 태워 작동하는 목탄차가 등장하고, 식민지 국민을 강제동원해 산과 들에서 채취한 소나무의 송진을 가공해 전투기를 띄웠다.

남중국해 영토분쟁: 우방 베트남 섬을 무력 점령한 중국

70여 년이 흘러 남중국해에서 이번에는 일본이 아닌 미국과 중국 사이에 군사적 긴장이 날로 고조되고 있다. 남중국해에는 280여 개의 아주 작은 섬, 암초, 산호섬 등으로 구성된 4개의 군도가 있는데, 이 중에서 파라셀(西沙, 서사)군도와 스프래틀리(南沙, 남사)군도에서 중국과 베트남, 필리핀, 말레이시아, 부르나이 등 동남아 국가 간에 영토분쟁이 심각하다(윤명철, 〈동아시아 해양영토분쟁과 역사적 갈등의 연구〉, 2019).

1974년 영유권을 주장하며 베트남이 실효 지배를 하고 있던 파라셀군도의 섬들을 베트남 군함까지 격침시키는 해전을 하며 중국이 무력으로 점령했다. 아이러니컬하게도 그 당시 북베트남(월맹)은 중국의 지원으로 미국과 한창 전쟁을 하고 있었다. 한 손으로는 하노이를 지원하고 다른 한 손으로는 파라셀군도를 챙긴 셈이다.

중국의 욕심은 여기서 그치지 않고 1987년 베트남과 다시 무력충돌을 벌이며 남사군도의 6개 섬을 차지했다. 아무리 이념을 같이하는 공산주의 국가라도 영토분쟁에 있어서는 한 치의 양보도 없는 것이다. 이에 분노한 베트남은 디엔비엔푸 전투의 영웅인 보응우옌잡 장군까지 나서면서 국가총동원령을 내리고 중국과의 전시(戰時)체제에 들어갔다.

"중국은 우리의 적입니다."

필자가 하노이에서 현지 지도층으로부터 직접 들은 이야기다. 당연히 남중국해 영토분쟁 때문이다. 중국에 분노한 베트남은 캄란만 해군기지를 미 해군에 개방하고 해상방위훈련을 같이하면서 과거의 적이었던 미국과 손잡았다. 또한 중국의 경쟁국인 인도 함대가 자국 항구에 기항하는 것도 허용하고 있다.

"양키 고 홈!"을 외치다 중국에 당한 필리핀

재미있는 것은 중국이 남중국해에서 같은 공산주의 국가인 베트남에 내해서는 무자비한 무력행사를 했지만 필리핀은 건드리지 않았다는 점이다. 당시 필리핀에 미군이 주둔하고 있었기 때문이다. 특히 수빅만에는 미 해군기지가 있었으니 잘못 필리핀을 자극하면 미 해군과 충돌해야 했다.

그런데 필리핀이 정말 어처구니없는 결정을 한다. 반미주의자들이 "양키 고 홈(go home)!" 구호를 외치고 이에 어리석은 군중이 합류한 것이다. 반미시위를 하는 군중에는 미 해군 기자와 공군기지 주변에서 식당, 옷가게, 세탁소 등을 하며 미군 때문에 먹고사는 현지인도 많았다. 우리로서는 잘 이해가 되지 않는다. '미군 때문에 생업을 유지하고 있는데 미군이 떠나면 어떻게 먹고살 것인가?' 알고 보니 이들은 간교한 반미주의자들의 선전·선동에 넘어간 것이었다.

"미군이 철수하면 그 기지 자리에 멋진 외국인 투자 전용 공단을 만들면 된다. 미 공군기지를 공항으로, 해군기지를 항만으로 활용하면 소니, 포드, 지멘스, 삼성 같은 세계적 기업들이 몰려올 테고 그러면 미군이 있을 때보다 돈을 더 벌 수 있다."

그럴듯하게 들린다. 1992년 미군이 철수한 뒤 필리핀은 나름대로 옛 클라크 미군기지와 수빅만에 외국기업을 유치하기 위해 노력했다. 그런데 결과는 완벽한 허탕이었다. 다국적기업은 아무리 인건비가 싸고 투자 인프라가 좋아도 기본적으로 정치 리스크가 큰 지역에는 투자하지 않는다. 미국, 일본 기업이나 국내기업 입장에서는 멀쩡히 자기 나라 도와주러 온 미군을 시위로 쫓아낸 현지인들이다. 그런 사람들을 믿고 투자했다간 외국기업 배척, 노사분규로 공장 문 닫기 십상이다.

필리핀의 고난은 여기서 그치지 않는다. 미군이 떠나자마자 기다렸다는 듯이 필리핀이 실효 지배하던 남사군도의 스카버러섬(Scarborough, 黃岩島)을 중국이 무력으로 점령해버렸다. 필리핀이 낡은 경비정으로 중국 해군에 대항해보았지만 상대가 되지 않았다. 베트남과 필리핀은 중국이 33척이나 보유한 구축함이 단 한 척도 없다. 그러니 바다에선 중국 해군의 횡포에 속수무책으로 당할 수밖에 없다. 힘이 약한 필리핀은 국제사회에 호소하고자 국제상설중재재판소에 제소해 2016년 승소 판결을 받았다.

남중국해에 건설한 중국의
군사기지.

"국제법은 연적 상태에서 해양 영토를 구분하기에 암초 위에 인공섬을 건설하는 중국의 행위는 국제법상 위법이다."

국제사회가 필리핀의 손을 들어준 것이다. 하지만 베이징은 이를 무시하고 오히려 서사군도와 남사군도에 군사비행장, 군항(軍港), 미사일 기지까지 갖춘 10여 개의 군사기지를 건설했다.

남중국해를 중국의 해양 요새로 만드는 것이다. 이와 같은 국제적 비난을 피하기 위해 베이징은 삼류 코미디와도 같은 일을 벌이기도 했다. 이 해상기지의 도서실에서 순박해보이는 중국인이 책 읽는 모습을 공개한 것이다. 물론 민간인 복장이다. 문화시설도 있다는 주장이다.

2015년 미중 정상회담을 앞두고 오바마 대통령은 중국의 이와 같은 도발적 행위를 좋은 말로 시진핑 주석을 설득하면 해결할 수 있을 것으로 기대했다. 정상회담의 결과는 '남중국해의 섬들은 우리 땅'이라고 우기는 베이징 지도자의 반복적인 주장을 짜증스럽게 듣는 것이었다. 중국은 국제적 위상이 높아졌음에도 국제규범이나 국제사회에서 통하는 건전한 상식을 싹 무시한다.

이쯤 되면 미국이 개입하지 않을 수 없다. 남중국해가 어떤 곳인가? 지난 세기 자유와 평화를 지키기 위해 수많은 미국의 젊은이가 바다와 하늘에서 싸운 곳이다. 2015년부터 미국은 '항행의 자유'를 주장하며 항공모함과 구축함을 남중국해에 주기적으로 보내고 있다. 중국이 만든 인공섬들을 영토로 인정하지 않겠다는 군사적 시위다. 중국은 자국 영해 12해리에 미국 군함이 침범했다며 전투함 20여 척을 배치하고 온갖 군사적 시위를 하고 있다.

중국의 해양굴기: "태평양을 나누어 갖자"

'중국은 왜 과거 우방이었던 베트남까지 적으로 만들며 남중국해에 그렇게 집착하는 것일까?' 물론 이곳에 매장된 엄청난 석유와 천연가스 같은 천연자원 때문이긴 하다. 유엔의 해저 탐사 결과 석유 280억 배럴, 천연가스 35억 톤, 구리와 망간 등 자원의 보고로서 '제2의 페르시아만'이라 불릴 정도라고 한다. 하지만 자원보다 더 큰 이유가 있다. 남중국해가 중국이 해양굴기를 통해 패권국가로 도약하는 데 꼭 필요한 전략적 요충지이기 때문이다.

"태평양은 미국과 중국 두 나라가 나누어 가질 수 있을 만큼 넓다."

2014년 7월 미중 전략경제대화에서 시진핑 주석이 한 말이다. 동부 해안과 서부 해안이 대서양과 태평양으로 맞닿아 있는 미국과 달리 중국의 해양굴기에는 결정적인 지리적 약점이 있다. 해군 함대가 바다로 나가는 데 거치적거리는 나라들이 많은 것이다. 중국 해군의 주력으로 산둥성 칭다오에 주둔하고 있는 북해함대가 태평양으로 나가려면 만만치 않은 해군력을 지닌 일본, 한국, 대만이 있다. 특히 중국은 청일전쟁 때 우수한 해군력을 가지고도 서해에서 일본 해군에 치욕적으로 패배했다. 한국은 세계에서 다섯 번째로 많은 이지스함을 보유하고 있고 한미 군사동맹이 있어 유사시 미 해군과 합동작전을 펼칠 수 있다. 거기다가 대륙에 바싹 붙어 있는 대만은 중국의 해안선을 둘로 나누고 있다.

결국 중국이 대양으로 나갈 수 있는 길은 남중국해다. 남중국해의 제해권을 장악해야만 태평양뿐만 아니라 인도양을 가로질러 중동 산유국까지 뻗어나갈 수 있다.

미국의 '항공모함 6척' 트라우마

중국은 2025년까지 6척의 항공모함을 건조하겠다고 한다. 이미 우크라이나가 건조한 바랴그 항모를 개조해 '랴오닝함'을 성공적으로 취역시켰다. 두 번째 자국산 항모인 '산둥함'도 곧 실전 배치할 예정이다.

한 나라가 가질 수 있는 무기 가운데 가장 공격적인 것이 항공모함이다. 1941년 12월 7일 일본제국의 연합함대는 6척의 항공모함에 300여 대의 제로센 함재기를 싣고 진주만을 벌집으로 만들었다. 애리조나함 등 6척의 전함과 수백 대의 항공기를 파괴해 미국의 태평양함대를 거의 궤멸시켰다. 지금도 군사전문가들 사이에서는 일본이 어떻게 그런 기습공격을 성공시킬 수 있었을까에 대한 논쟁이 오간다.

우선 개전 당시 아카키, 히류 등 6척의 항공모함과 함재기 제로센은 세계 최고 수준이었다. 특히 미쓰비시 중공업이 생산한 제로센은 민첩한 기동성과 놀라운 상승속도로 미국 전투기를 압도했다. 특히 최대 항속거리가 3,350킬로미터나 되어 개전 초기 대만기지에서 출격한 제로센기가 필리핀까지 날아가 미군기지를 폭격했다.

하와이를 가보면 알 수 있지만 진주만 자체가 호리병 모양으로 생겼다. 그래서 진주만 입구만 잘 지키면 적의 군함이 해상으로는 침공할 수 없었다. 유일한 방법은 적의 비행기가 하늘에서 어뢰를 떨어트리는 방법인데 이것도 불가능했다. 진주만 상공에서 어뢰를 투하하면 떨어지는 속도 때문에 어뢰가 일단 수심 21피트까지 바닷속에 들어갔다가 다시 방향을 잡아 군함을 공격해야 한다. 그런데 진주만은 너무 수심이 얕아 그런 공격도 불가능했다. 말하자면 천혜의 난공불락 군항인 셈이다.

하지만 세계전쟁사를 보면 영원한 난공불락 요새나 항구는 없다. 일본 해군의 뛰어난 참모가 미군이 방심하는 사이 허를 정확히 찔렀다. 어뢰의 프로펠러 부분에 나무판을 달으니 공중 투하한 어뢰가 수심 21피트까지 들어가지 않고 빨리 부상해 미군함을 격침시킨 것이다. 그때까지 미국에서는 반전 분위기가 압도적이었다. 태평양 건너편의 전쟁에 끼어들지 말자는 것이다.

그런데 진주만 공습 다음 날 프랭클린 루스벨트 대통령이 대국민 연설을 하고 미 상원에서 거의 만장일치(반대표는 단 한 명)로 대일 선전포고를 했다. 이런 역사적 배경 때문에 미국에는 '항모 6척 트라우마'가 있다. 오늘날 미국 외에도 중국(2척), 영국(1척), 프랑스(1척), 러시아(1척), 인도(1척) 등이 항공모함을 가지고 있지만 거의 항공모함이 아닌 경함으로 전 세계 바다를 상대로 활동할 능력이 없다. 역사적으로 6척 이상의 정규 항공모함을 가진 나라는 과거 일본제국과 지금의 미국밖에 없다.

일본의 경항공모함 보유와 동아시아 해양 안보

태평양전쟁 전범국인 일본은 육군, 해군이 없다. 국토방위만 하는 자위대뿐이다. 따라서 일본의 해상자위대는 공격용 함정인 항모를 가질 수 없었다. 그런데 2019년 5월 방일한 트럼프 대통령이 호위함을 개조한 경(經)항공모함 '가가'호에 탑승했다. 이는 21세기 동아시아 해양 안보에 큰 획을 긋는 역사적 장면이었다. 미국이 중국을 견제하기 위해 일본의 항모 보유를 승인한 것이다. 일본의 아베 총리가 발 빠르게 기존의 호위함을 개조해

2019년 5월 일본을 방문한 트럼프 미국 대통령이 아베 일본 총리와 함께 호위함 '가가호'에 올라 얘기를 나누고 있다. 아래 사진은 일본의 이즈모급 항공모함이다(출처: 한경 DB).

2만 7,000톤의 이즈모급 경항공모함 4척을 만들고 한 척당 스텔스기 F-35B를 10기씩 싣겠다고 발표했다.

만약 중국이 계획대로 6척의 항모전단(航母戰團)을 가진다면 기존 11개 항모전단으로 대서양, 인도양까지 관할해야 하는 미국으로선 혼자 맞서기 벅차다. 그래서 일본의 항모전단을 활용해 중국을 견제하려는 것이다.

그렇다면 미국과 손잡은 일본 경항모전단이 중국의 항모전단을 견제하는 데 어느 정도 역할을 할 수 있을까? 함재기 수에서는 중국이 단연 우세하다. 그러나 문제는 하늘에서 일본 최신예 스텔스기 F-35B와 중국의 J-15 함재기가 벌일 항공전이다. 영화에서 보듯이 기관총을 쏘며 '도그-파이팅(Dog Fighting)' 하는 것이 아니라 미사일로 적기를 격추시키는 현대 공중전에서는 항공기의 질적 우위가 절대적이다. 1960년대 베트남전에서는 팬텀기와 미그기의 공중전 격추 비율이 1대 3이었다. 그런데 걸프전 이후 F16(Falcon)은 적기 76대를 격추시키고 단 한 대만 떨어졌다. F15(Eagle)는 단 한 대의 손실도 없이 적기 100여 대를 격추시켰다. 날이 갈수록 기술의 차이가 항공전에서 결정적 역할을 하는 것이다.

중국이 자체 개발했다고 떠드는 함재기 J-15도 알고 보면 러시아의 함재기 수호이 SU-33을 불법 복제한 짝퉁이다. 원래 러시아의 주력 전투기인 수호이 SU-27의 기술이전 라이센싱 계약을 맺었는데 중국이 부품을 몰래 복제해 J-11을 자체 개발했다. 이에 분노한 러시아는 중국이 랴오닝함에 태울 함재기 생산을 위해 수호이 SU-33의 기술이전을 요구했을 때 단호히 거절했다. 그래서 중국은 궁여지책으로 수호이 SU-33의 동체를 복제하고 엔진과 부품은 수호이 SU-27을 베낀 J-11의 것을 사용했다.

모양은 그럴듯했지만 시험 비행을 해보니 짝퉁의 문제점이 드러났다. 수호이 SU-33은 수호이 SU-27보다 훨씬 무겁고 비행기 모양도 다른데 수호이 SU-27의 엔진을 집어넣었다. 쉽게 말하면 커다란 SUV 승용차에 소형차 엔진을 얹은 것이다. 중국이 공개한 J-15의 이착륙 모습을 보면 폭탄을 장착하지 않고 있다. 엔진 파워가 약해 몸체 띄우는 것도 벅차 무거운 폭탄까지 달 어유기 없었다.

일본 해군을 키운 영국 해군

육군과 달리 해군은 '프로패셔널'이다. 호위하는 이지스함, 잠수함 등을 함께 다루는 항모전단 운용은 엄청난 노하우가 필요하고 함대 지휘관의 자질이 절대적이다. 땅에서 싸우는 육군은 전쟁이 나면 새로 병사를 소집해 훈련시키고 지휘관도 양성하면 된다. 하지만 해군은 다르다. 앞선 해군력을 가진 누군가가 도와주어야 한다.

일본 해군이 급속히 성장한 데는 영국 해군의 도움이 절대적이었다. 1894년 청일전쟁 때 청나라는 주로 군함과 무기를 독일에서 구입했는데 일본은 영국의 힘을 빌려 해군력을 키웠다.

1904년 노일전쟁 때 대한해협에서 러시아의 발틱함대를 대파한 일본의 도고 헤이하치로 제독도 영국 해군사관학교 출신이다. 영국 해군이 일본 해군의 간부를 양성해준 것이다.

사실 러일전쟁 때 대한해협에서 도고 제독의 대승도 잘 살펴보면 영일동맹 덕분이다. 성피터스버그항을 출발한 러시아의 발틱함대는 원래 스웨즈 운하를 거쳐서 가려고 했는데 당시 운하를 관리하던 영국이 이를 거부했다. 그 머나먼 아프리카 남단을 돌자니 시간이 오래 걸리고 연료 소모도 엄청났다. 중간에 인도, 말라카해협 등에서 중간 보급을 받아야 했는데 영연방 국가들이 모두 입항을 금지했다. 그러니 발틱해를 떠나 2만 9,000킬로미터를 항해해 대한해협에 들어섰을 때는 이미 싸우기도 전에 기진맥진해 있었다.

세계 해전의 역사: 게임의 룰을 바꿔야 승리한다

세계 해전의 역사를 보면 3단계로 게임의 룰이 변했다. 로마와 카르타고 사이의 해전이나 영화 〈해적왕 드레이크〉에서 보면 바다에서의 싸움은 결국 칼싸움에 의해 승패가 결정된다. 형식적으로 함포 몇 발을 쏘지만 결국 적선에 다가가 갈고리를 걸고 적선의 갑판으로 건너가 칼로 제압하는 것이다.

그러다가 본격적인 대포의 발달로 해전 게임의 룰이 함포전으로 변한다. 멀리서 함포를 쏘아 침몰시키는 것이다. 함포전이란 새로운 게임의 룰을 실제 해전에 잘 활용한 인물이 바로 우리나라의 이순신 장군이다. 임진왜란 때 일본 해군은 조선의 판옥선에 올라와 칼싸움으로 승부를 가리고자 했다. 칼잡이 사무라이와 대부분 농민 출신인 조선 수군이 칼로 맞붙으면 승부는 뻔했다. 그래서 이순신 장군은 근접전은 피하고 거북선을 앞세운 화포로 23승의 쾌거를 이루었다. 어쩌면 세계 해전사에서 함포전을 본격적으로 도입해 대승을 거둔 최초의 해군 지휘관일 것이다. 이에 비해 일본의 함선은 삼나무로 만든 안택선으로 장거리 항해에 좋고 기동성은 있으나 선체가 약해 화포를 장착할 수 없었다. 함포전 시대에는 거함거포(巨艦巨砲)를 많이 가진 나라가 바다의 왕자였다.

20세기 들어 비행기가 전투에 활용되면서 1920년대와 1930년대는 미국, 영국, 일본 같은 선진국 해군에서 '전함 제독'과 '항모 제독'들 사이에 치열한 기 싸움이 있었다. 전자는 해전에서 승리하기 위해서는 역시 거대한 함포를 많이 가진 전함이 많아야 한다는 것이다. 반대로 후자는 전함 시대는 막을 내리고 바다 위 항모에서 뜬 함재기에 의해 승패가 결정된다는 주장이었다. 전함 제독의 주장에 따라 대영제국은 불침의 프린스 오브 웨일스호와 리펄스호, 독일은 비스마르크호, 일본은 세계 최대 6만 5,000톤급 대전함인 야마토와 무사시호를 건조했다.

그런데 막상 2차대전이 터지고 보니 이 위풍당당한 전함들이 모조리 항모에서 발진한 적의 함재기들에 의해 바다에 가라앉았다. 독일이 자랑하던 비스마르크호는 영국 항모에서 출격한 구형 복엽기 소드-휘시기의 어뢰에 방향타를 맞아 좌초하고 대영제국의 막강한 해군력의 상징이던 프린스 오브 웨일스호와 리펄스호는 동남아 앞바다에서 일본 항공기의 공격으로 침몰했다. 참으로 역사는 아이러니하다. 영국 해군이 물심양면으로 도운 일본 해군에 당한 것이다. 국가 간의 관계에 있어서는 영원한 동지도 영원한 적도 없는 것 같다.

이렇듯 기술의 발전으로 전쟁은 함포를 쏴 적함을 격침시키는 해전이 아니라 함재기를 띄워 적함을 격침시키는 항공모함전으로 바뀌었다. 세계에서 제일 처음으로 정규 항공모함을 실전 배치한 나라는 미국도 영국도 아니다. 1922년 호쇼함을 만든 일본이다. 그래서 태평양전쟁 초기 일본 항모전단의 전투력은 대단했다.

그러므로 결코 중국이 양적으로는 우세하지만 오랜 해전의 역사를 가진 일본의 최신 항모전단을 얕볼 수 없다. 따라서 앞으로 태평양에서 미국, 중국 그리고 일본의 해군력이 첨예하게 대립할 것이다.

동아시아 해양세력의 변화와 한반도의 해양 안보

중국의 남중국해 군사기지 구축과 해양굴기, 그리고 일본의 경항공모함 보유와 같은 변화가 우리나라에 어떤 영향을 미칠까?

우선 다급한 것이 '에너지 안보'다. 한국, 일본이 중동과 동남아에서 수입하는 석유, 천연가스는 모두 남중국해를 지나야 한다. 중국은 군사훈련을 핑계로 2019년 7월 3일부터 5일까지 3일간 남중국해 파라셀군도에서 스프래틀리군도 사이의 2만 2,200킬로미터 해역을 항해 금지구역으로 지정했다. 자기 영해도 아닌데 일방적으로 정한 기간 동안 다른 나라 선박들을 못지나가게 하는 것이다. 이것은 아주 나쁜 선례다.

만약 중국이 이와 같은 방법으로 한국, 일본과의 관계가 틀어졌을 때 두 나라의 유조선이나 LNG선의 남중국해 항해를 일정 기간 제한한다면 그 영향은 파괴적일 것이다. 이런 배경에서 보면 남중국해에서 미국과 중국의 군사적 긴장은 '남의 일'이 아니다. 우리나라의 에너지 안보와 직결된 '우리의 일'이다. 그러므로 한·미·일 세 나라가 함께 힘을 합쳐 남중국해의 '항행의 자유'를 지켜야 한다.

둘째, 삼면이 바다로 둘러싸인 우리나라의 '해상 안보'다. 중국과 베트남, 필리핀 사이의 남중국해 영토분쟁은 우리에게 귀중한 교훈을 남긴다. '중국은 해양 영토분쟁에서 국제규범을 무시하고, 서슴지 않고 해군력을 사용한다'는 것이다. 우리와 중국 사이에도 제주도 남쪽에 있는 이어도 해양 영토분쟁이 있다.

2018년 여름, 중국과 러시아의 폭격기가 한국방공식별구역 (KADIZ)에 무단진입했다. 우리 앞바다에서도 이런 일이 벌어질 수 있다. 지난 사드 사태 때처럼 한중관계가 악화될 때 가공할 중국의 3개 항모전단이 스텔스 함재기를 가득 싣고 인천 앞바다, 부산 앞바다 그리고 강릉 앞바다에 다가와 위협 시위를 한다면 우리를 둘러싼 삼면의 바다가 해상 봉쇄당한다.

이때 우리의 독자적인 해군력이나 공군력만으로는 대처할 수 없다. 힘이 없으면 남중국해에서 동남아 국가들이 당한 것처럼 우리도 속수무책으로 당한다. 이런 사태에 대한 억지력은 한미동맹밖에 없다. 바로 여기에 한미동맹의 새로운 가치가 있다. 동북아 평화를 위한 대북 억제에 더해 대중국 견제의 역할인 것이다.

일본 해군도 존경한 '이순신 장군'

대한해협에서 도고 제독의 승리와 이순신 장군에 얽힌 재미있는 일화를 자신의 저서 《언덕 위의 구름》에서 밝힌 일본의 국민작가 시바료타로는 이순신 장군에 대해 다음과 같이 평했다.

"이순신 장군은 도요토미 히데요시가 조선을 침공했을 때 해전에서 이를 멋지게 무찌른 조선의 명장이다. 일본에서도 이순신 장군을 존경해 명치유신 때 일본 해군이 창설될 당시 그의 전술을 연구했다."

시바료타로는 러시아의 발틱함대를 물리치기 위해 도고함대가 출전할 때 '어느 일본 해군의 함장은 이순신 장군의 영혼에게 승리를 빌었다'고 말한다. 발틱함대를 격파한 후에는 사람들이 도고 제독에게 "제독께서는 넬슨 제독과 이순신 장군을 능가합니다"라고 아양을 떨자 도고 제독이 이렇게 대답했다고 한다.

"넬슨 제독은 군신(軍神)이 아니다. 세계 해군 역사에서 군신은 이순신 장군 딱 한 사람뿐이다. 이순신 장군과 비교하면 나는 하사관도 못 된다."

임진왜란 때 이순신 장군은 왜적에게 23전 23패의 치욕을 안겨주었다. 어떻게 보면 그들에겐 불구대천의 적장이다. 하지만 일본 해군의 장교 교육에서 한산도 대첩을 이끈 이순신 장군의 '학익진(鶴翼陣)'을 가르친다고 한다. 그리고 일본 해군의 기지였던 진해(지금의 창원시 진해구)에 주둔하던 해군들은 1년에 한 번 통영의 충열사를 방문해 이순신 장군의 진혼제를 지냈다.《경제전쟁 시대 이순신을 만나다》를 쓴 지용희 교수에 의하면 일본 해군 예산서에 이 충열사 참배와 관련한 예산 항목이 있다고 한다. 아무리 적장 이순신이지만 배울 점은 배우고 존경하겠다는 것이다.

10장

미국과 중국의
패권전쟁,
우리의 선택은?

깨어진 미국의 '차이나 드림'

"WTO(세계무역기구)에 가입하면 궁극적으로 중국은 자유민주주의 국가가 될 것이다."

2001년 중국의 WTO 가입을 지지한 빌 클린턴 미국 대통령이 한 말이다. 1990년대 세계 자유무역주의 국가들 분위기는 중국의 WTO 가입에 대해 아주 부정적이었다. 공산당이 지배하는 중국은 '시장경제국'이 아니었기에 엄격히 말하면 WTO 가입 자격이 없었기 때문이다. 그런데 당시 미국은 너무나 낭만적인 '차이나 드림'을 가졌다. 가난한 중국을 세계 자유무역체제에 넣어주면 미국 상품이 인구 십수억 명의 거대한 시장에 흘러 들어가고 소련에 이어 중국마저 탈(脫)공산화시킬 수 있다고 기대한

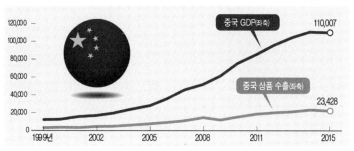

WTO 가입 후 중국의 GDP와 수출의 변화

(단위: 억 달러)

것이다.

WTO 가입 전인 2000년 1조 2,113억 달러에 불과하던 중국의 국내총생산(GDP)은 2015년 11조 7억 달러로 무려 10배나 증가했다. 이는 미국이 너그럽게 시장을 개방해 중국의 수출이 같은 기간 2,492억 달러에서 2조 3,428달러로 10배가 늘어난 덕분이다. 같은 기간 군사비 지출도 229억 달러에서 2,096달러로 거의 10배가 늘어나 명실상부한 세계 2위 군사 대국이 됐다.

여기까지는 좋았다. 그런데 문제는 2017년 시진핑 주석이 '중국몽'으로 미국에 도전장을 던진 것이다. 2등 국가에 만족하지 않고 2050년까지 세계 1위의 경제·군사 대국이 되겠다는 선언이었다. 워싱턴의 순진한 '차이나 드림'이 베이징의 도전적인 '중국몽'으로 탈바꿈해버렸다. 그동안 두 나라는 완전히 동상이몽(同床異夢)을 한 셈이다.

중국의 거친 군사적 도전: 남중국해에서의 무력충돌

미국 시카고대 존 미어샤이머(J. Mearsheimer) 교수가 "중국이 평화로운 분위기 속에서 강대국으로 부상할 수는 없다"고 잘라 말했듯이, 역사적으로 1등 국가가 패권을 순순히 내준 적이 없다. 미국을 가장 위협하는 중국의 군사적 도전은 '해양굴기'다. 중국이 아무리 육군을 증강하더라도 이는 동아시아에 머문다. 그래서 태평양 건너편에 있는 미국본토에는 직접적인 위협이 되지 않는다.

하지만 해군은 다르다. 19세기 영국의 군사비 지출은 러시아, 프랑스에 이은 3위에 불과했다. 그런데 압도적인 해군력이 대영제국의 세계 지배를 뒷받침했다. 막강한 구소련도 태평양에서 감히 미국에 도전하지는 못했는데 중국이 항공모함 전단을 6개나 만들어 미국과 태평양을 양분하자고 나선다. 양순한 판다인 줄인 줄 알고 WTO에 가입시켰는데, 막대한 대미 흑자로 번 돈으로 공격용 항모를 만들어 미국에 달려드는 사나운 호랑이가 된 것이다. 그간 미국과 중국이 추진해온 자유무역이 공동의 번영을 가져온 것이 아니라, 미국을 패권국의 자리에서 끌어내리는 거친 헤게모니(hegemony) 게임으로 변질된 것이다.

베트남, 필리핀 등과의 영토분쟁 지역인 남중국해에 무단으로 건설한 중국의 11개 인공 군사기지에 '항행의 자유'를 주장하는 미 함정이 접근하면 그 반응은 아주 거칠다. 중국 군함이 거의 충돌 수준인 40여 미터까지 미 구축함에 접근한다. "미국과의 군사적 충돌, 즉 전쟁도 불사한다"는 호전적 발언들이 베이징에서 마구 튀어나온다.

"항모 킬러인 둥펑 21-D 미사일로 미 항모를 충분히 격침할 수 있다. 항모 두 척만 격침하면 두려움에 떠는 미국을 보게 될 것이다."

중국인민해방군 군사과학원의 한 예비역 장군의 호언장담이다(타이베이 중앙통신사(CNA), 2018년 12월).

이것은 정말 위험한 오만과 환상이다. 중국공산당은 군인이나 지식인이 국제무대에서 발언하는 것을 엄격히 통제한다. 쉽게 말해 공산당이 허용하지 않는 것을 중국인이 외국인들에게 함부로 말할 수 없다. 아무리 군복을 벗은 예비역이지만 앞의 발언은 중국 군부의 생각을 대변하고 더욱 중요한 것은 공산당의 암묵적 승인을 받았을 것이라는 점이다.

과거 일본의 제국주의자가 미국을 이렇게 우습게 보고 1941년 12월 7일 진주만을 기습했다. 그리고 필리핀에서 맥아더 장군을 패퇴시키고 승승장구할 때 '미군은 중국군보다 약하다'라는 전투 교범을 일선의 일본군 병사들에게 나누어 주었다. 미군은 코카콜라나 마시고 추잉 껌이나 씹는 종이호랑이 같은 겁쟁이라고 과소평가한 것이다.

이건 완벽한 오산이다. 전쟁에 관한 한 미국처럼 무서운 나라는 없다. 전쟁을 싫어하고 가능한 한 피하려고 하지만 일단 '아메리카가 지켜야 할 가치'를 위해서 전쟁을 시작하면 반드시 끝장을 보고 만다. 사실 일본제국이나 독일제국도 먼저 전쟁을 시작해놓고 미국의 참전으로 전세가 기울자 적당히 협상하여 미국과 타협하고자 했다. 그런데 미국이 단호히 거부하고 2차대전을 승리로 이끌었다. 최근에는 이라크와 아프가니스탄, 시리아에 군대를 보내 싸우고 있다. 이렇게 볼 때 요즘 중국은 너무 자신들의 군사력을 과대평가하고 기존의 팍스 아메리카 체제에 도전하고 있다.

세계 전쟁사를 되돌아볼 때 2등 국가가 막무가내로 패권에 도전하면 군사적 충돌은 불가피하다. 미국과 중국 두 나라가 격돌할 가능성이 제일 큰 곳은 남중국해다. 중국이 남중국해에서 군사적 도발을 할 때 나올 수 있는 두 가지 시나리오가 있다. 먼저 미국이 중국을 무자비할 정도로 철저히 응징하는 것이다. 중국이 불법적으로 구축한 인공 군사기지의 비행장과 군항 시설을 정밀 타격해 쓸어버리는 것이다. 하이텍 무기에 있어서는 10 대 1 수준의 앞선 전투력으로 거의 짝퉁 수준인 중국의 함정, 전투기에도 본때를 보여준다(조지프 나이, 《미국의 세기는 끝났는가》, 2015). 미국의 군사력으로는 물론 가능한 일이지만 국제정치적으로 너무 부담스러워 자유민주주의 국가인 미국이 선택하기 힘든 시나리오다. 이러한 이유로 미국이 방어적으로 미지근하게 대응하면 베이징은 분명 대미 항전의 승리로 포장하고 군사적 도발을 가속하여 패권국가로 더욱 치달을 것이다. 6·25전쟁도 미국에 승리한 항미원조 전쟁으로 미화하는 나라이니 충분히 가능한 시나리오다.

중국이 패권국가가 될 수 없는 5가지 이유

공산당이 지배하는 중국은 절대 2050년 세계 패권국가가 될 수 없다. 그 이유는 5가지다.

우선 미국이 할 수 있는 가장 간단한 방법은 허황된 군사적 패권을 꿈꾸는 중국을 구소련식으로 몰락시키는 것이다. 냉전 시대 국민총생산(GNP)의 30퍼센트가 넘는 돈을 미국과의 군비

중국 최초이자 유일한 항공모함인 랴오닝함에서 젠-15 전투기가 이륙을 준비하고 있다
(출처: 신화연합뉴스).

경쟁에 쏟아붓던 소련은 경제 파탄으로 자멸했다. 미국에 가장 위협이 되는 중국의 6개 항모전단을 무력화시키기 위해 미사일 같은 무력을 쓸 필요가 없다. 돈줄을 막아 바다에 떠 있는 고철로 만드는 것이다. 6개 항모전단을 운영하려면 대략 우리나라 국방 예산의 3~4배를 쏟아부어야 한다. 이것은 엄청난 군사비 부담이다. 그래서 그 막강했던 구소련도 대규모 항모전단을 운영하지 못했다.

지금 중국에는 결정적 아킬레스건이 있으므로 가능한 시나리오다. 군비 확장에 퍼붓는 달러의 상당 부분이 따지고 보면 미국에서 흘러 들어간 돈이다. 중국에 투자한 미국기업, 그리고 6,210억 달러의 무역적자(2018년 기준)를 감수하며 중국 물건을 사주는 미국 소비자의 주머니에서 나온 것이다. 바로 이 점을 정확히 간파한 트럼프 대통령이 2018년 봄부터 관세전쟁을 시작해 지금 한창 중국을 후려치고 있다.

일부 전문가들은 한 2~3년이면 미중 무역전쟁이 끝날 것이라고 말한다. 이는 미중 무역전쟁을 단순한 경제전쟁으로 보는 순진한 낙관론이다. 경제 패권뿐만 아니라 군사적 패권 그리고 '공산주의 대 자유민주주의'라는 가치의 싸움까지 뒤얽힌 아주 복잡한 싸움이다. 그래서 미국이건 중국이건 한쪽이 큰 상처를 입고 굴복하기 전에는 쉽게 끝날 것 같지 않다.

둘째, 미국이 중국을 세계의 공장으로 만든 기존의 글로벌 가치사슬(Global value chain)을 재편하는 방법이다. 여러 번 강조했지만 오늘날 중국의 번영은 '차이나' 혼자 잘해서 이루어낸 결과가 아니다. WTO에 가입해 세계 여러 나라와 자유무역을 하고, 세계의 소비자들이 중국 물건을 사주고, 외국기업들이 중국에 투자했기 때문이다. 중국에 투자한 미국, 일본, 한국 등의 글로벌기업들이 일본, 한국 등에서 수입한 부품·소재를 중국의 값싼 노동력을 이용해 조립 생산하여 최종재를 미국 등 세계 시장에 팔았기 때문이다. 이 같은 국제분업을 전문용어로 '글로벌 가치사슬'이라고 한다.

최근에 트럼프 대통령이 '중국에 투자한 미국기업의 철수 명령'까지 언급하고 있는 것을 보면 이 글로벌 가치사슬을 아예 흔들어버리려는 것 같다. 이건 중국 경제에 결정적 타격을 줄 수 있다. 과거 미국기업의 해외투자 패턴을 보면 아무리 기대 수익이 높아도 정치적 리스크가 큰 나라에는 투자하지 않는다. 이미 '차이나 리스크'가 임계점을 넘어 애플, 구글, 인텔 같은 미국기업이 중국에서 빠져나오고 있다. 유럽기업들과 우리나라 기업들도 중국 정부를 자극하지 않기 위해 드러내놓지는 못하지만 슬슬 짐을 싸고 있다.

셋째, 중국처럼 덩치만 커진다고 패권국가가 되는 게 아니다. 조지프 나이가 지적하듯이 세계의 다른 나라들이 존경하고 따르는 소프트 파워, 즉 '보편적 가치'를 창출해야 한다(조지프 나이, 《미국의 세기는 끝났는가》, 2015). 대영제국의 민주주의, 미국의 자유 같은 것을 말한다. 지금 중국이 내세우는 건 고작 '위대한 중화사상'이다. 이건 보편적 가치가 아닌 자국우월주의에 불과하다. 세계 역사를 되돌아볼 때 '위대한(Great)!'을 내세운 나라 치고 제대로 된 나라가 없다.

"위대한 독일 게르만 민족!"

"위대한 대일본제국!"

미국이 스스로를 '위대한 미합중국(Great United States)!'이라고 바깥세상에 내세우는 것을 본 적이 없다.

넷째, 세계질서에서 우두머리가 되려면 따르는 무리, 즉 동맹국이 있어야 한다. 미국은 70여 개의 동맹국이 있다. 유럽에서는 북대서양조약기구(NATO) 29개국과 아시아에서는 한국, 일본, 호주 등과 군사동맹을 맺고 있다. 그런데 끊임없는 영토 팽창욕으로 국경을 접한 14개국과 모두 영토분쟁을 하는 중국은 외롭다. 중국의 동맹국은 딱 두 나라다. 파키스탄과 북한이다. 전혀 도움이 안되는 동맹국이다.

마지막으로, 시진핑 주석이 너무 일찍 칼을 빼들었다. 미국이 1870년대에 경제적으로 영국을 추월하고 70년 정도가 흐른 1940년대에 군사패권을 장악했다. 그런데 중국은 2050년에 경제, 군사 두 개의 패권을 한꺼번에 차지하겠다고 한다. 독일제국, 일본제국, 구소련 모두 중국처럼 너무 성급히 군사패권에 도전하다가 자멸했다. 세계 역사를 보면 경제패권과 군사패권이 바뀌는 데는 적어도 20~30년의 시차가 있었다. 중국, 좀 더 정확히 말하면 시진핑 주석이 그렇게 마음이 급한 데는 외국인인 우리가 모르는 여러 가지 이유가 있을 것이다.

우리가 한 가지 짐작할 수 있는 것은 중국몽이 자신의 개인적 야심인 영구집권을 위한 국내정치용이 아닌가 하는 의구심이다. 어느 나라건 지도자가 법을 바꿔 영구집권을 하려면 국민에게 그럴듯한 꿈을 심어주어야 한다. 그리고 이 위대한 꿈을 실현하기 위해 자신이 장기집권을 해야 한다고 국민을 현혹시키는 것이다.

도광양회를 내세운 덩샤오핑은 국제적으로 아주 겸손했다. 일본과 한국, 싱가포르에 가서는 "어떻게 하면 경제를 발전시킬 수 있을까요?" 물어보고 한 수 가르쳐 달라며 고개를 숙였다. 그런데 '중국몽'과 '위대한 중화민족의 부흥'을 외치는 시진핑 주석은 너무 자신감에 차 있고 대외적으로 오만한 인상을 준다. 앞으로 중국을 어떤 방향으로 이끌고 갈지 걱정된다.

중화제국과 한미동맹, 우리의 선택

지금까지 살펴본 바와 같이 우리를 둘러싼 바깥세상에서는 두 개의 슈퍼 파워, 즉 미국·일본의 자유주의 국가와 솟아오르는 중화제국이 패권전쟁을 하고 있다. 미국은 우리의 군사동맹국이자 긴밀한 교역대상국이고 일본 또한 교역 및 산업·기술협력국이다. 중국은 우리나라의 제1교역대상국이자 제1투자대상국이다. 이렇게 보면 우리나라는 두 세력 가운데 어디를 선택해야 할지 심각하게 고민해봐야 한다고 말하는 사람들도 많다. 그러나 미국·일본 동맹의 편에 서느냐, 아니면 중국의 편에 서느냐는 고민할 문제가 아니다. 우리의 선택은 당연히 미국이다.

우선, 국가 안보다. 2050년에 중국의 군사몽(軍事夢)이 진짜로 실현된다면 중국의 군사력, 특히 해군력이 미국을 중국 연안에 속하는 열도(일본 포함)에서 몰아낼 수 있다. 그렇게 되면 한반도는 중국 해군의 영향력 아래 들어간다. 그렇게 될 때 "코리아는 과거 중국의 일부였다"고 거드름을 피우는 베이징이 우리를 얼마나 우습게 대할지는 짐작할 만하다.

둘째, 세계가 놀란 '한강의 기적'을 실현할 수 있었던 것은 한반도에 주한미군이 있어 정치적으로 안정되고 미국 같은 나라들과 자유무역을 했기 때문이다. 또한 일본기업과 기술협력을 하고 일본의 우수한 부품·소재를 수입해 자동차, 전자 산업을 일으킨 것도 큰 역할을 했다. 그런데 이것은 가정이지만 우리가 미국·일본과 등을 돌리고 중화제국을 선택해 한반도에서 주한 미군이 철수하면 무슨 일이 벌어질까? 북한이 핵과 미사일을 가지고 더욱 위협해 한반도는 정치적으로 아주 불안한 지역이 된다. 그러면 외국기업이 우리나라에 투자는 물론 거래하는 것도 꺼린다. 중국은 한창 가열되고 있는 미국과의 경제전쟁에서 이길 수 없다. 그렇게 되면 중국이 앞으로 직면할 심각한 고령화 사회 문제와 함께 중국 경제는 침몰할지도 모른다. 한국 경제와 우리나라 기업들은 당연히 강한 경제파트너와 연결고리를 단단히 해야지 지는 경제의 그늘에 들어가서는 안 된다.

셋째, 동맹의 가치 공유다. 일부 반미·반일 주의자들이 미국과 일본을 싫어하지만 적어도 이 두 나라는 우리와 자유민주주의, 자본주의라는 가치를 공유할 수 있는 국가들이다. 중국은 공산당이 지배하는 나라고 무늬만 시장경제지 정부가 시장을 통제하는 국가자본주의 국가다. 또한 법치주의와 언론의 자유가 완전히 보장되는 자유민주주의 국가가 아니다. 사실 덩샤오핑이 개혁·개방을 하고 도광양회를 국정의 아젠다로 삼으며 국가 지도자의 임기를 제한할 때 우리나라뿐만 아니라 세계 모든 나라가 차이나에 대해 희망을 가졌다. 그런데 시 주석이 영구집권의 길을 트고 중국몽을 내세우며 역주행하는 것을 보고 모두 중국을 다시 보고 있다.

중국과의 역사전쟁

지금 우리는 중국과 심각한 역사전쟁을 하고 있다. 고구려는 신라, 백제와 함께 당연히 우리의 역사다. 그런데 중국 정부는 2002년부터 소위 동북공정 사업을 시작했다. 막대한 중앙정부 예산을 들여 학자들을 동원해 고구려를 자국 역사에 편입하는 작업을 하는 것이다. 고구려가 중국의 현도군 고구려현의 지배하에 있던 지방왕조였다고 주장한다. 이렇게 보면 수나라, 당나라와 고구려 사이의 전쟁도 국내 통일전쟁이 된다.

중국의 욕심은 여기서 그치지 않고 신장 위구르와는 서북공정, 티베트와는 서남공정 작업을 하고 있다. 한때 강력한 독립왕국이던 위구르와 티베트를 중국 역사에 편입하려는 것이다. 심지어는 칭기즈칸마저 중국인으로 만들며 몽골제국의 웅대한 역사도 '차이나' 속에 끌어들이고 있다. 이 같은 역사 왜곡은 경제적으로 강해진 중국이 위대한 중화제국을 꿈꾸는 '중국몽'과 직결돼 있다. 현재 중국 영토에 있는 모든 민족의 역사는 곧 중국의 역사라는 억지다.

이 같은 역사전쟁은 단순한 과거의 전쟁이 아니다. 우리의 미래에 커다란 영향을 미치는 미래의 영토전쟁이다.

고구려는 북만주에서 랴오둥 반도, 그리고 한강 이북까지 지배하던 동북아의 대제국이었다. 고구려 역사를 중국에 빼앗기면 고구려가 지배하던 땅의 역사적 종주권도 중국에 빼앗긴다. 만주는 이미 중국 땅이다. 문제는 지금의 북한 땅이다.

또한 신라가 당나라와 손잡고 삼국을 통일하기는 했지만 겨우 대동강 입구와 영흥만을 잇는 선이었다. 고려 태조 때 청천강으로 밀고 올라갔지만 지금의 압록강–두만강으로 국경을 끌어올린 것은 세종대왕이 4군 6진을 개척하고 난 이후였다. 말하자면 7세기부터 15세기까지 약 700년간 청천강 이북은 우리 땅이 아니었다.

청천강 이북을 중국에 빼앗길 것인가

남중국해 영토분쟁에서 보았듯이 중국은 역사적으로 자기 영토였다고 생각하면 바로 이 역사적 종주권을 바탕으로 집요하게 다른 나라의 영토를 자기 땅이라고 우긴다. 물론 필요하면 무력 사용도 서슴지 않는다.

1961년 7월 중국과 북한은 '중조(中朝) 우호협력 상호원조 조약' 즉, 조중 군사동맹을 맺었다. 이 조약의 2조에 의하면 북한에 급변 사태가 발생했을 때 중국군이 자동 개입할 수 있다. 이것은 가정이지만 만약 평양에서 정변이 일어났을 때 북한 내 친중세력이 압록강을 열어 중국군을 끌어들이면 아주 복잡한 사태가 발생한다. 심한 경우 역사적 종주권을 주장하며 청천강 이북에 중국군을 상주시킬지도 모른다.

베이징 입장에서 한반도의 청천강 이북을 차지하는 것은 과거 700년간 지배하다가 조선에 빼앗긴 고토를 회복하는 셈이다. 중국에서는 북한을 둥베이사성(東北四省), 고구려성이라고 부른다. 지린성, 헤이룽장성, 랴오닝성의 둥베이삼성(東北三省)에 이은 네 번째 성이라는 것이다.

중국과의 이어도 해양 영토분쟁

이어도는 제주도 남단의 마라도 남서쪽 149킬로미터에 있는 우리나라 대륙붕의 일부다. 해도상으로 '소코트라록(Socotra Rock)'으로 표기돼 있다. 1900년 영국 상선 소코트라호가 좌초된 데서 유래한다. 1952년 우리 정부의 '대한민국 인접 해양의 주권 선언(일명 평화선)'에 의해 우리나라가 관할했다. 1952년이면 전쟁으로 한창 정신이 없을 때인데 우리 정부가 정말 잘한 일이다. 2003년에는 한국해양과학기술원(KIOST)이 한국종합과학기지를 만들어 7명 정도의 연구원을 이어도에 상주시키고 있다.

중국은 1963년 이어도에 대한 측량을 처음으로 시작하고 국제사회에 자국 영토라고 공포했다. 일단 중국이 우리의 이어도에 대해서도 영토분쟁의 시빗거리를 만든 셈이다. 그 후 10년간의 문화대혁명으로 대혼란을 겪었고, 다음에는 산업화를 하느라 이어도까지는 관심을 가지지 못했다. 그런데 2000년대 들어 우리에게 영유권을 주장하고 이어도 상공을 감시 비행하며 압박을 가하고 있다. 잘못하면 남중국해에서 중국과 베트남, 필리핀 사이에 벌어졌던 해양 영토 싸움이 우리에게도 벌어질지 모른다.

우리는 일본과의 독도 문제에 대해서는 촉각을 곤두세우고 철저히 대응하고 있다. 그런데 중국과의 역사전쟁, 영토전쟁인 '동북공정'이나 '이어도 문제'에는 큰 관심을 보이지 않는다. 동북공정은 중국 학자와 우리나라 학자 사이의 역사이론 논쟁 정도로 가볍게 보고 있을 뿐이다. 왜 일본과의 영토분쟁과 중국과의 역사전쟁에 있어 비대칭적으로 대응하는지 모르겠다.

독도는 우리 땅이다. 세계 영토분쟁의 역사를 보면 100년간 선점(先占)하면 그 나라 영토가 된다. 그런데 중국과의 역사전쟁은 다르다. 잘못 대응하고 국제정세와 상황이 우리에게 불리하게 작용하면 우리 국토의 일부를 중국에 빼앗길 수도 있다.

정체성의 재조명: '소중화'에서 '북방 몽골리안'으로

과거 우리나라는 한족 왕조인 한, 송, 명나라만 숭상했다. 우리 스스로를 '작은 중국', 소중화라 칭하고 북방 민족을 오랑캐라 깔보며 그들이 세운 원, 청나라에는 진심으로 복속하지 않았다. 병자호란도 따지고 보면 친명배청 사상에 빠져 신흥왕조 청을 무시하고 망해가는 명나라를 따르다가 자초했다. 그런데 재미있는 것은 정작 중국은 우리를 '동쪽 오랑캐'란 뜻의 동이(東夷)라고 부르며 깔보았다. 명나라는 좀 봐주어서 조선을 순이(順夷), 즉 '말을 잘 듣는 오랑캐'라고 불렀다.

이것은 확실히 잘못된 역사 인식이다! 잘못된 '소중화의 환상'에서 벗어나야 한다. 우리의 정체성을 혈연적, 언어적으로 우리 민족의 주류와 가까운 몽골, 여진, 튀르크 같은 북방 몽골리안에서 찾아보자(윤명철, 《고구려, 역사에서 미래로》, 2014). 그러면 역사적 한중관계가 수직적 관계에서 수평적 관계로 바뀌어 그간 느껴 보지 못한 새로운 역사적 자긍심을 가질 수 있다.

중화제국에 무릎 꿇지 않을 미들 파워,
대한민국

지금 중국은 강해지는 것이 아니라 공룡처럼 비대해지고 있다. 산업화 시대에는 큰놈(나라, 기업)이 작은놈을 잡아먹었다. 그러나 정보화 시대에는 빠른 놈이 느린 놈을 잡아먹는다. 언론이나 각종 연구기관의 보고서를 보면 중국기업이 너무 빠른 속도로 추격해 얼마 후면 우리나라 경제의 먹거리 산업이 없어진다고 우려한다. 하지만 기업인들을 만나보면 좀 다른 말을 한다.

"중국기업이 따라올 때 우리나라 기업, 근로자들은 낮잠 자고 있나요? 더 열심히 기술 개발해서 쫓아오는 중국기업보다 더 빠른 속도로 도망가면 됩니다."

자본주의 역사에서 민주화를 하지 않고 선진화에 성공한 나라는 단 한 나라도 없다. 특히 오늘날 같은 지식기반 경제 사회에서는 '창조적 인적 자본(Creative human capital)'을 많이 가진 나라가 국제경쟁에서 앞선다. 그런데 이 창조적 두뇌는 사회의 다양성에서 나오고 다양성은 민주사회에서만 싹튼다. 요즘 우리 사회를 보면 정신없이 혼란스러워 보인다. 하지만 이것도 달리 보면 민주사회의 다양성이다. 공산당이 모든 것을 통제하는 중국에는 '우수한 인력'은 있어도 '창조적 인력'은 없다.

중국의 우수한 인력을 보면 공산당이 허용한 제한적 분야에서는 놀라울 정도로 잘한다. 그래서 인공위성도 쏘아 올린다. 그런데 이들이 정부의 허용을 벗어난 다양하고 창조적인 분야에서는 갈팡질팡한다. 아이폰은 만들지만 중국에는 스티브 잡스(Steve Jobs) 같은 인물이 없다. 그래서 14억 명이 넘는 인구를 가지고도 우리나라의 방탄소년단이나 K-POP 같이 세계인이 열광하는 창조적 문화를 만들어내지 못하는 것이다.

시진핑이 모르는 진짜 중국

위대한 중국은 없다

제1판 1쇄 발행 | 2019년 12월 27일
제1판 3쇄 발행 | 2020년 3월 18일

지은이 | 안세영
펴낸이 | 한경준
펴낸곳 | 한국경제신문 한경BP
책임편집 | 윤혜림
외주편집 | 장민형
저작권 | 백상아
홍보 | 서은실·이여진·박도현
마케팅 | 배한일·김규형
디자인 | 지소영
본문디자인 | 디자인 현

주소 | 서울특별시 중구 청파로 463
기획출판팀 | 02-3604-553~6
영업마케팅팀 | 02-3604-595, 583   FAX | 02-3604-599
H | http://bp.hankyung.com   E | bp@hankyung.com
F | www.facebook.com/hankyungbp
등록 | 제 2-315(1967. 5. 15)

ISBN 978-89-475-4549-5 03340